아홉살 인생 멘토

아홉 살 인생 멘토

1판 1쇄 발행일 2011년 8월 1일 1판 14쇄 발행일 2024년 1월 5일
글쓴이 최수복 그린이 조재석 펴낸곳 (주)도서출판 북멘토 펴낸이 김태완
편집주간 이은아 편집 김경란, 변은숙, 조정우 디자인 디자인아이, 안상준 마케팅 강보람, 민지원, 염승연
출판등록 제6-800호(2006. 6. 13.)
주소 03990 서울시 마포구 월드컵북로 6길 69(연남동 567-11) IK빌딩 3층
전화 02-332-4885 팩스 02-6021-4885

- bookmentorbooks.co.kr   - bookmentorbooks@hanmail.net
- bookmentorbooks__   - bookmentorbooks

ⓒ 최수복, 조재석, 2011

※ 잘못된 책은 바꾸어 드립니다.
※ 이 책은 저작권법에 따라 보호를 받는 저작물이므로 무단 전재와 무단 복제를 금합니다.
※ 이 책의 전부 또는 일부를 쓰려면 반드시 저작권자와 출판사의 허락을 받아야 합니다.
※ 책값은 뒤표지에 있습니다.

ISBN 978-89-6319-028-0 74990

인증 유형 공급자 적합성 확인 **제조국명** 대한민국 **사용연령** 8세 이상
KC마크는 이 제품이 공통안전기준에 적합하였음을 의미합니다.
종이에 베이거나 책 모서리에 다치지 않도록 주의하세요.

자신 있는 어린이를 위한 **인물 이야기**

아홉 살 인생 멘토

글 최수복 · 그림 조재석

북멘토

 **작가의 말**

꼬리에 꼬리를 물고 쏟아지는 이야기,
위대한 인물이 만든 재미있는 이야기

"엄마, 왜 사람들은 링컨을 '정직한 에이브'라고 불렀어?"
"링컨은 누구보다도 정직했기 때문이야. 에이브는 어릴 적 이름이고."
"어떻게 정직했는데?"
"그게 말이다……."
얼마나 정직했으면 이 애칭이 평생 동안 링컨을 따라다녔을까?
엄마도 궁금해졌어. 그래서 링컨에 관한 자서전과, 관련 책을 모조리 읽게 되었구나.
그 속에서 링컨이 외치는 목소리를 들었단다.
"정직한 변호사가 되기 힘들면, 변호사가 되지 말고 정직을 택하십시오!"
링컨은 혼자 힘으로 공부해서 어렵게 변호사가 되었단다.
하지만, 정직하지 않으려거든 변호사가 되지 말라고까지 말하지 않니?
엄마는 '정직'이라는 키워드를 가지고, 링컨의 삶을 조망해 보았어.
그랬더니 너에게 들려줄 이야기가 꼬리에 꼬리를 물고 쏟아져 나오더라.
앞으로 들려줄 이야기는 지어낸 게 아니라, 모두 링컨이 겪은 일이야.
엄마는 링컨뿐만 아니라 역사에 큰 자취를 남긴 사람들을 탐구하기 시작했어.
헬렌 켈러, 머더 테레사, 찰리 채플린, 정주영, 제인 구달, 미야자키 하야오 등을 말이야.
위대한 인물이 살아간 발자취가 우리 아이들에게 얼마나 큰 힘이 되는지!
엄마 같은 어른들은 너무나 잘 알고 있기 때문이란다.
다른 인물 이야기와 달리 키워드를 가지고 인물을 탐색해야 했기 때문에,
몇 곱절의 노력이 들어갔어.

이를테면 헬렌 켈러에 대해서는 '희망', 머더 테레사는 '겸손', 찰리 채플린은 '웃음',
정주영은 '자신감', 제인 구달은 '존중', 미야자키 하야오는 '상상력'이라는
가치를 중심으로 탐구한 거야. 모두가 인생에서 소중한 가치들이잖아!
인물들을 탐구하기 위해 엄마는 50여 권에 달하는 책을 읽었구나.
덕분에 유쾌하고 즐거운 나날을 일 년간 보냈어. 들려주고 싶은 대목마다
책갈피를 끼워 놓거나 메모를 해 두었는데, 자료들이 엄청 쌓이다 보니,
이렇게 어린이를 위한 『아홉 살 인생 멘토』로 탄생한 거란다.
거의 한 번은 엄마의 목소리로 들어 본 인물 이야기일 거야.
『아홉 살 인생 멘토』는 너에게, 이 땅에서 꿈을 꾸며 살아가는 아이들에게,
인물 이야기를 실감 나고 재미있게 들려주고 싶은 마음으로 쓴 거란다.
나아가 우리 아이들이 마음에 품은 아름다운 꿈과 고귀한 이상을 포기하지 않고,
힘차게 나아갈 수 있도록, 애정 어린 박수를 보내는 심정으로
한 문장, 한 문장 정성스레 글을 썼단다.
엄마가 훌륭한 작가가 되기를 기도하는 늦둥이 아들 바오로와 큰아들 안드레아,
언제나 가족을 사랑하고 헌신적으로 도움을 준 남편 장종진 님
머리 숙여 고맙게 생각합니다.

최수복

추천사

한 알의 씨앗이 싹이 트듯

 어린이들은 이야기 주인공과 자신을 동일시하는 마음이 강합니다.
 특히 위인전은 그 인물이 살아 낸 삶이 극적일수록 어린이들이 더 큰 감화를 받을 수 있습니다. 어렸을 때 읽은 인물 이야기를, 자기 삶을 지키고 가꾸는 모범으로 담고 평생을 살아가기도 합니다. 이 때문에 어렸을 때 어떤 인물 이야기를 만나게 되는가는, 자기 마음에 어떤 씨앗을 심어 두는가와 비슷하다고 할 수 있습니다. 그 씨앗이 싹이 터서 한 사람의 인생을 더욱 의미 있게 가꾸고 지키는 데 힘이 되어 주는 경우가 많기 때문입니다.
 이야기 속에 나오는 인물들은 어려운 형편 속에서도 도전과 끈기, 독서를 통한 깊은 사고와, 현실에 대한 끊임없는 관찰로 자신의 삶을 의미 있게 가꾸고 지켜 낸 사람들입니다.
 이 책은 자신의 삶을 독특한 무늬로 살아 낸 인물의 삶에서 주제에 맞는 부분을 잘 골라서 내용을 재구성하였고, 그 인물의 삶에서 무엇을 얻을 것인지를 알아챌 수 있는 핵심 문장을 정확하게 골라내서 보여 주고 있습니다. 그리고 이야기 끝에 연표를 실어서 살아온 흐름을 한눈에 살펴 볼 수 있도록 한 점도 좋습니다. 마지막으로 한 어린이가 한 가지 질문을 하고, 주인공이 답변을 하는 형식으로 질문과 답변을 구성해 놓았는데, 이야기를 읽고 나서 내면화 과정을 좀 더 자연스럽게 이끌어 주는 데 도움이 될 수 있습니다.

이주영_문학 박사 · 전 초등학교 교장 · 현 어린이 문화 연대 대표

우리에게 꿈을 주는 멘토

　멘토란 누구인가요? 성공한 사람? 돈을 많이 번 사람? 학식이 뛰어난 사람? 탁월한 운동 능력을 지닌 사람?

　이 책이 말하는 우리 삶의 멘토는 여느 책과는 다릅니다. 이 책은 무엇을 이룩했느냐에 초점을 맞추지 않습니다. 대신 어떤 다짐과 생각을 가지고, 어떤 과정을 통해 자신의 꿈을 이루려고 노력했는지, 그 분투의 과정을 살피고 있지요. 링컨처럼 우직할 정도로 정직한 사람, 머더 테레사처럼 자기 스스로를 한없이 낮출 수 있는 사람, 헬렌 켈러처럼 좌절 속에서도 힘과 용기를 잃지 않는 사람, 찰리 채플린처럼 가난 속에서도 웃음과 희망을 잃지 않는 사람, 정주영처럼 불가능에 도전하는 불굴의 의지를 가진 사람, 제인 구달처럼 한없는 인내와 사랑으로 피조물을 바라볼 줄 아는 사람, 미야자키 하야오처럼 상상력과 노력을 하나로 버무릴 줄 알았던 사람…. 이들의 이야기는 비범한 천재나, 걸출한 능력의 소유자들의 성공 스토리가 아닙니다. 그것은 자신에게 주어진 운명을 뛰어넘으려 했던 보통 사람들의 이야기이고, 자신을 한없이 낮추려 했던 착한 이웃들의 이야기입니다. 그들의 이야기를 통해 우리는 성공한 자의 대열에 끼어들기보다, 소박하나마 자신에게 주어진 삶을 하루하루 성실하게 채워 나갈 수 있는 법을 배울 수 있습니다.

　멘토는 우리에게 꿈을 줍니다. 그러나 그 꿈은 우리를, 한 명의 더 성실한 이웃, 한 명의 더 착한 이웃으로 거듭나게 합니다. 성공만이 우리 삶의 전부는 아닙니다.

김보일_배문 고등학교 국어 교사

 차례

작가의 말 • 4

추천사 • 6

 정직하려면 에이브러햄 링컨처럼! • 10

희망을 품으려면 헬렌 켈러처럼! • 28

 겸손하려면 머더 테레사처럼! • 58

 웃음을 배우려면 찰리 채플린에게! • 84

자신감을 가지려면 정주영처럼! • 114

 존중하는 마음을 가지려면 제인 구달처럼! • 144

상상력을 가지려면 미야자키 하야오처럼! • 172

정직하려면 에이브러햄 링컨처럼!

어떤 상황에서도 정직하십시오.
정직한 변호사가 되기 힘들면 변호사가 되지 말고,
정직을 택하십시오.

— 링컨 —

정직한 에이브

링컨은 어릴 적에 책을 무척 좋아했어. 하지만 가난해서 책을 사 볼 형편이 안 되었구나. 게다가 아버지는 책 읽을 시간이 있으면 집안일을 도우라며 링컨을 야단쳤대. 그러나 링컨은 아버지 몰래, 책이 있는 곳이라면 몇 시간이고 달려가 책을 빌려 왔단다.

한번은 먼 곳에 사는 변호사가 『워싱턴 전기』를 갖고 있다는 말을 들었어. 어린 링컨은 망설이지 않고 먼 길을 한달음에 달려갔지. 링컨은 집에 돌아와 밤늦도록 빌려 온 책을 읽었단다.

'통나무 사이에 끼워 두었다가 날이 밝으면 읽어야지.'

그런데 문제가 생겼어. 아침에 일어나 보니 책이 흠뻑 젖어 있지 뭐야. 밤새 폭풍우가 몰아쳐서 통나무 사이로 비가 새어 들어온 거지.

젖은 책을 말려 보았지만 쭈글쭈글 볼품이 없었어.

'남의 책을 망쳐 놓았으니 어떻게 하지?'

당시 책이란 것은 아주 귀하고 비쌌어. 링컨이 돈으로 물어 줄 수 있는 형편도 아니잖아. 링컨은 용기를 내었단다. 책 주인한테 사실대로 털어놓기로 했지.

링컨은 쭈글쭈글해진 책을 들고 변호사를 찾아갔어.

"죄송합니다. 책값 대신 일을 해 드리겠어요."

링컨은 사흘 동안 꼴을 베는 일을 했어. 변호사는 어린 링컨의 성실하고 정직한 태도가 마음에 들었단다.

"애야, 일을 거들어 준 대신에 이 책을 주마."

"고맙습니다!"

뜻밖에 귀한 책을 얻은 링컨은 매우 기뻤어.

링컨은 아버지 일을 돕다가도 짬만 나면 책을 보았어. 새어머니는 그런 링컨이 딱해서 학교에 보냈지. 하지만 아버지는 링컨이 책 읽는 것을 못마땅하게 여겼단다. 링컨이 농사일만 잘하면 된다고 생각했거든. 결국 링컨은 초등학교를 몇 달도 못 다니고 그만두어야 했단다.

어느 덧, 청년이 된 링컨은 도시로 나왔어. 링컨이 뉴올리언스의 항구에서 일할 때야. 항구는 막 배에 실어 온 노예를 사려는 백인들로 북적이고 있었어. 자신의 농장이나 집에서 일할 노예를 사기 위해 온 사람들이야. 흑인들의 목과 다리에는 굵은 쇠사슬이 채워져 있었단다. 멀리 아프리카 대륙에서 잡혀 온 사람들이었지.

처음 본 광경에 링컨은 몹시 놀랐어. 사람을 물건 취급하며 사고팔다니! 링컨은 노예 경매장에서 일어난 일을 두 눈으로 낱낱이 보았어.

"여러분! 이 노예는 힘이 세고 일도 무척 잘합니다. 밥은 조금밖에 안 먹습니다."

경매인이 외치자 백인들이 흑인에게 다가가 이 잡듯이 살펴보기 시

작했어. 노예는 흑인 여자였지. 백인들은 흑인 여자의 이빨이 튼튼한지 보거나, 살을 쿡쿡 지팡이로 찌르고, 손으로 꼬집어 보기도 했어. 이리저리 쿵쿵 뛰어 보라고 시키기도 했어. 마치 말이나 소를 고르듯이 말이야. 백인들은 가격을 흥정하기 시작했어.

"300달러!"
"320달러!"
"350달러!"

가장 높은 액수를 부른 손님에게 노예가 넘어갔어. 백인 남자가 흑인 여자를 끌고 가자 한 흑인 소녀가 울음을 터뜨리는 거야. 이 소녀는 흑인 여자의 딸이었어.

　　"제 딸입니다. 제발 데려가게 해 주세요!"

　　흑인 노예가 새 주인에게 빌었어.

　　"안 된다. 어린애는 귀찮기만 해."

　　흑인 노예가 계속 매달리자 백인 주인은 채찍을 휘둘렀단다.

　　링컨은 마음이 괴로웠어.

　　'이 나라를 세울 때 모든 사람은 평등하다고 선언하지 않았던가! 흑인도 사람이 아닌가! 주인과 노예가 있다는 것은 옳지 않아.'

　　링컨은 사람을 사고파는 백인들이 위선자라고 느꼈어. 이기심과 욕심 때문에 자신의 양심을 속이는 위선자 말이야.

　　'이건 자신에게 정직하지 못한 일이야.'

　　링컨은 생각했어.

이런 것들은 **반드시** 없어져야 해.

만약 **노예 제도**를 없앨 기회가 온다면

꼭 없앨 거야.

링컨이 뉴올리언스에서 돌아와 가게에서 점원으로 일을 하던 때야. 어느 날 하루 장사를 마치고 장부를 정리하다가 깜짝 놀랐지.

"이런! 앤디 부인한테 돈을 더 받았구나."

링컨은 멀리 떨어진 앤디 부인의 집으로 헐레벌떡 달려갔어.

"부인, 물건값을 많이 받았어요. 나머지 금액을 돌려 드리려고 왔습니다."

늦은 밤, 갑자기 찾아온 링컨을 보고 앤디 부인이 놀라 물었어.

"나중에 주면 될 텐데 깜깜한 밤중에 왔어요?"

"제가 잘못 받았으니까 얼른 돌려 드려야지요."

또 어느 날은 가게 문을 닫으려는데 손님이 차를 사 갔어. 그런데 다음 날 아침, 저울을 보니 추가 잘못 놓인 게 아니겠어.

"이런, 어젯밤에 저울추를 잘못 놓았구나!"

링컨은 그 손님을 찾아갔어. 모자란 분량의 차 120그램을 손에 들고 말이야.

"죄송합니다. 문을 빨리 닫으려는 급한 마음에 저울추를 잘못 놓았습니다."

남들에게 정직하게 보이려는 속셈이 있었던 것은 아니냐고 링컨을 의심할 수도 있어. 아니야, 그렇게 하지 않으면 양심이 괴로워 링컨 자신이 견딜 수 없었기 때문이야.

윌리엄 베리라는 사람이 링컨에게 제안했어. 반반씩 돈을 내어 지금 일하고 있는 가게를 인수하자고 말이야. 링컨이 돈 한 푼 없다는 것을 베리는 알고 있었지. 베리는 링컨을 믿었기 때문에 나중에 달라고 했어. 베리는 훗날 이렇게 말할 정도였으니까.

"링컨은 머리부터 발끝까지 믿음직해 보였어요. 그래서 나는 링컨이 내야 할 돈 전액을 어음으로 받았어요."

그런데 상점이 잘 안되어 망해 버렸단다. 동업자인 베리도 죽어 버렸어. 졸지에 링컨은 빚더미에 앉게 되었지 뭐니! 동업자인 베리가 남긴 빚을 링컨이 갚아야 할 처지가 된 거야. 링컨이 떠안은 빚은 무려 1,100달러였단다. 가난한 링컨이 '국가적 채무'라고 말할 정도로 어마어마하게 큰돈이었어.

링컨은 해마다 조금씩 빚을 갚아 나갔어. 그러기 위해서 온갖 일을 해야 했지. 방앗간과 농장에서 일하기도 했고, 우체국 직원이나 측량 기사를 하기도 했어. 아마 다른 사람 같으면 베리가 빌린 돈을 갚지 못하겠다고 발뺌을 했을 거야. 또한 일리노이 주를 떠나 다른 주로 가면 빚을 갚지 않아도 전혀 법적인 문제가 되지 않았어. 하지만 링컨은 그러지 않았단다. 결국 15년에 걸쳐 빚을 모두 갚았다는구나!

마을 사람들은 정직하고 부지런한 링컨을 존경하고 따랐어. 싸움이 일어나서 누군가 중재를 서야 할 때면 꼭 링컨을 불렀단다.

"링컨을 부릅시다. 누가 옳은지 판단을 해 줄 거요."

마을에 큰 문제가 생길 때도 링컨이 앞장서서 해결했지.

"링컨같이 정직한 사람이 주 의원이 되어야 해요."

"링컨이라면 틀림없이 우리를 잘 대변할 것입니다. 의원으로 뽑아 줍시다."

공화당 선거 본부는 링컨에게 선거 자금으로 쓰라고 200달러를 지원해 주었어. 그 당시 200달러는 매우 큰돈이지만 선거를 치르기에는 많이 부족했단다. 선거 운동을 하다 보면 더 많은 돈을 쓰게 되거든.

링컨은 주 의원으로 당당히 뽑혔어. 선거가 끝나고 당 선거 본부는 링컨이 보낸 한 통의 봉투를 받았어. 봉투에는 199달러 25센트와 영수증, 그리고 편지가 들어 있었지.

편지에는 이렇게 쓰여 있었단다.

"선거 연설을 위해 사용한 비용은 제

가 지불했습니다. 유세장을 돌아다니는 데 드는 교통비는 말을 사용했기 때문에 전혀 들지 않았습니다. 다만 선거 운동을 도운 분들에게 음료수를 사 드렸습니다. 음료숫값으로 치른 75센트의 영수증도 함께 보냅니다."

사람들은 놀랐어. 당에서 준 선거 자금을 돌려보낸 사람은 단 한 사람도 없었거든. 게다가 링컨이 돈을 거의 쓰지 않고 의원으로 뽑혔다는 사실에도 놀랐는걸.

"왜 링컨을 이름 말고 '정직한 에이브'라고 부르겠는가! 대단한 인물이야."

새로 선출된 의원들이 모였을 때야. 누군가가 여러 사람 앞에서 창피를 주려고 링컨에게 질문을 했어.

"당신의 직업은 무엇입니까?"

링컨은 미소 지으며 말했어.

"나는 농사꾼이었고 뱃사공이었으며 가게 점원이었습니다. 그리고 지금은 우체국장과 측량 기사 일을 같이 하고 있지요."

의원들이 크게 웃음을 터뜨리자 링컨도 따라 웃었어. 조금도 부끄러워하지 않고 말이야.

정직함이 얼마나 큰일을 할 수 있을까?

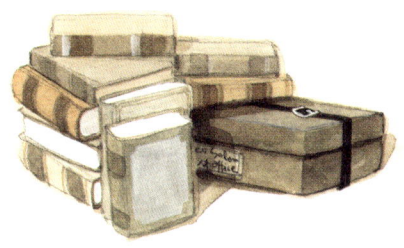

링컨은 의원 활동을 하면서 틈틈이 법률책을 들여다보았어. 법률책이라면 밤을 꼬박 새워 읽어도 재미있었거든.

'이왕이면 열심히 공부해서 변호사가 되어야겠다. 그래서 억울하게 감옥에 갇히는 사람들을 도와야지.'

링컨은 뉴올리언스 항구에서 본 흑인들도 떠올랐어. 노예 경매장에서 소와 돼지처럼 팔려 가던 흑인들 말이야. 변호사가 되면 노예 제도를 없애는 데 힘쓸 수 있다는 생각도 들었지.

마침내 링컨이 변호사 시험에 합격하고 스프링필드에서 일을 시작했어. 하지만 변호사가 되었어도 예전이나 지금이나 가난하기는 마찬가지였지. 가난한 사람과 흑인들에게는 변호사 비용을 안 받거나 턱

없이 낮게 받았거든.

어느 날, 우체국 직원이 찾아왔어.

"선생님, 우체국을 다시 열려고 지난 서류들을 정리하다 보니 17달러가 비어 있었습니다. 전에 우체국 일을 하시면서 혹시 어디에 썼는지 알고 계신가요?"

링컨은 전에 우체국장을 한 적이 있었어. 그런데 우체국이 갑자기 문을 닫자 그만두었지. 링컨은 뭔가 알겠다는 듯이 고개를 끄덕이며 말했어.

"네, 잠깐 기다려 보세요."

잠시 뒤 링컨은 빛바랜 상자를 들고 왔어. 그 안에는 우체국이 문을 닫을 때 남아 있던 몇몇 서류, 주인을 찾지 못해 전하지 못한 물건, 그리고 천 주머니가 들어 있었지. 천 주머니에 동전이 있었는데, 세어 보니 정확히 17달러였어. 링컨이 17달러를 고스란히 보관하고 있었던 거야!

우체국 직원이 놀라 물었어.

"우체국이 다시 문을 열 줄 알고 보관하셨나요?"

"네, 언젠가 문을 열 거라고 생각했습니다."

> 그 돈이 몇 년 동안 내 손에 있었지만,
> 필요할 때 잠시라도 쓸 수 있다고는
> 생각조차 하지 않았다.

  링컨은 변호사 생활을 접고 정치에 뛰어들었어. 1858년, 일리노이주 상원 의원 선거에 공화당 후보로 나섰단다. 상대는 민주당 후보 더글러스였지. 그런데 더글러스는 노예제를 찬성했고, 링컨은 노예제를 없애자고 했단다. 선거는 더글러스가 승리했구나.

  1860년 링컨은 미국 대통령 후보로 나섰어. 민주당의 더글러스도 대통령 후보로 나섰지. 이번에는 사람들이 링컨을 선택하였단다. 마침내 링컨은 미국의 16대 대통령으로 당선되었구나!

  그런데 노예 제도를 없애겠다고 한 약속은 지켰을까? 링컨은 약속한 대로 노예 제도를 없애고 노예들을 해방시켰단다. 다시는 노예를 사고파는 일이 없도록 못 박았지.

  링컨은 우리에게 말하고 있어. "어떤 상황에서도 정직하라."라고.

또 "정직한 변호사가 되기 힘들면 변호사직을 버리고 정직을 택하라."라고도 했단다.

링컨은 단 한 번도 자기 이름을 더럽힌 적이 없었으며, '정직한 에이브'라는 애칭으로 영원히 불릴 수 있었구나!

모든 사람을 얼마 동안 속일 수는 있다.
또 몇 사람을 영원히 속일 수도 있다.
그러나 모든 사람을 영원히 속일 수는 없다.

에이브러햄 링컨

- 1809년 미국 켄터키 주 호젠빌에서 태어났다.

- 1831년 노예가 팔리는 모습에 심한 충격을 받았다.

- 1834년 일리노이 주 의원에 당선되었다.

- 1836년 변호사가 되었다.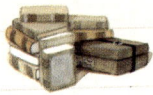

- 1846년 미국 하원 의원이 되었다.

- 1858년 일리노이 주의 상원 의원 선거에 나갔지만 노예제를 반대한 링컨이 졌다.

- 1860년 경쟁자인 더글러스를 누르고 대통령에 당선되었다. 그러자 노예제를 찬성한 남부가 미합중국에서 떨어져 나가 남부 연합국을 세워 노예제를 반대한 북부와 전쟁을 벌였다.

- 1863년 링컨은 노예 해방 선언문을 공표했다.

- 1865년 남북 전쟁이 북부의 승리로 끝났다. 링컨은 연극 관람 도중 남부 출신 청년의 총에 맞아 죽었다.

 링컨 아저씨, 궁금해요!

🎤 링컨 아저씨, 저는 수민이에요. 대통령에 당선된 뒤 사람들이 심술궂은 별명을 붙여 주었다고 들었어요. '개코원숭이', '유인원', '원숭이 왕', 심지어 '머저리'라고 부르면서요. 여자들도 아저씨를 마치 괴물 취급하며 조롱했을 때 어떻게 생각했나요?

🎩 대통령이 되자 나를 욕하고 조롱하는 일은 더 심해졌단다. 사방팔방에서 쏟아지는 비난을 온통 뒤집어써야 했지. 한 여성이 나를 만난 일화를 소개할게.
"어머, 호감가는 외모에 신사적이시고 말투도 상냥하시네요."
"야만인을 기대하셨나요?"
내가 말했어.
"물론이죠. 더 심하거나."
그 뒤에 그 여성이 친구에게 말했다고 해.
"그 끔찍한 괴물 있잖아. 링컨 말이야. 괴물 같기는커녕 신사지 뭐야."
수민아, 혹시 너를 개코원숭이, 긴팔원숭이, 머저리라고 부르면 어떻겠니? 당근(?) 기분 나쁘겠지. 화가 치밀어 오를 거야. 당장 욕한 사람을 찾아가 따지고 싶고. 당연히 나도 그러고 싶었으니까. 그러나 나는 그렇게 하지 않았단다. 모든 비난에 일일이 대응하지 않고 무시했어. 그럴 시간이 있다면 차라리 다른 일을 하는 게 낫다고 보았거든. 자신이 계획한 목표를 향해 묵묵히 앞으로 가는 일 말이야. 나는 최선을 다하기 때문에 결말이 좋으면 어떤 비난도 신경 쓰지 않아. 마침내 흑인 노예를 해방시키고 민주주의를 이룬 과정에는 이런 정신이 바탕에 깔려 있었단다.

희망을 품으려면 헬렌 켈러처럼!

나는 눈과 귀와 혀를 빼앗겼지만
내 영혼을 잃지 않았기에
그 모든 것을 가진 것이나 마찬가지입니다.

- 헬렌 켈러 -

사흘 동안만 볼 수 있다면, 무얼 보고 싶을까?

어느 날, 딱 사흘만 볼 수 있는 기적이 나에게 일어난다면! 사흘 동안 가장 보고 싶은 게 무엇일까? 첫째 날, 둘째 날, 셋째 날을 헤아리며 상상해 보렴. 헬렌 켈러는 이렇게 말했단다.

첫째 날은 그동안 나를 가르쳐 준 설리번 선생님과 사랑하는
친구들의 **얼굴**을 오래오래 들여다보며 가슴에 새기겠다.
그날 오후에는 오래도록 숲을 산책하며
자연의 아름다움에 흠뻑 취하겠다.
둘째 날은 뉴욕의 메트로폴리탄 박물관에 가서
인류 역사의 발자취를 **한눈에** 살피고 싶다.
다음에는 미술관으로 가서 라파엘, 레오나르도 다빈치 같은
화가의 그림을 **감상**하겠다.
셋째 날은 사람들이 일하며 살아가는 모습을 구경하고,
저녁에는 코미디 공연이 한창인 극장으로 달려가겠다.

절망이란 이런 것일까?

1880년, 미국 앨라배마 주의 아이비 그린이라는 농장에서 한 아기가 태어났어. 아기가 자라 떠듬떠듬 말이 터져 나왔어.

"옴마아~ 구구구."

아기는 엄마 치맛자락을 붙들고 어딘가로 끌고 가려고 해. 엄마는 아기를 따라갔어.

"어디에 구구구가 있지?"

몇 마디 말이지만, 엄마는 아기가 무엇을 말하고 싶어 하는지 금방 알아차려. 아기를 사랑하기 때문이야. 구구구는 덩치 큰 수탉인데, 부엌에서 바닥에 떨어진 음식 부스러기를 쪼아 먹는 중이었어.

"구구구, 저기!"

아기는 맑은 눈망울을 굴리며 엄마를 바라보았어.

"어, 정말 구구구가 있구나."

엄마는 19개월이 된 아기를 가슴에 꼬옥 안았어. 아기 이름은 헬렌, 헬렌 켈러야.

어느 날, 온몸에 열이 오르더니 헬렌이 정신을 잃고 쓰러졌어. 급히 의사를 불렀어. 뇌에 급성 출혈이 생겼는데, 생명을 잃을 수 있다고 하지 뭐야. 이튿날, 다행히 열이 내렸어.

그러나 헬렌은 예전과 달라졌어. 눈이 멀고 귀가 멀어, 보고 들을 수 없게 되었지. 게다가 시간이 지나면서 말도 할 수 없게 되었단다.

세 겹의 지하 감옥

헬렌은 자신의 장애를 이렇게 말했어. 한 겹은 볼 수 없는 장애, 한 겹은 들을 수 없는 장애, 나머지 한 겹은 말할 수 없는 장애야. 세 겹의 지하 감옥에 갇힌 헬렌. 아무것도 안 들리고 아무것도 안 보이는 어둡고 고요한 상태야.

나는 차츰 나를 둘러싸고 있는
어둠과 고요에 익숙해졌다.
처음부터 이랬던 건 아닐까.
소리를 들었던 것도, 빛을 보았던 것도 잊었다.

헬렌은 무엇을 찾기 위해서는 손으로 더듬거려야 했어.
'내 인형이 어디 갔을까?'
그런데 아무리 더듬어도 인형이 잡히지 않았어.
'아참, 요람에 재웠지.'
헬렌은 앞을 더듬거리며 요람을 찾아갔어. 하지만 만져 보니 인형이 아니야. 갓 태어난 동생이 자신의 요람에 누워 있는 거야!
'내 요람이야!'
헬렌은 동생이 얄미웠어. 엄마의 사랑을 독차지할 수 없어서 질투가 났거든. 엄마를 빼앗겼다는 마음이 들었기 때문이야. 게다가 요람까지 빼앗기다니.
'동생 싫어. 저리 가!'
헬렌은 화가 나서 요람을 흔들었어. 잠자던 동생이 울음을 터뜨렸지.
"헬렌, 안 돼!"

엄마가 급히 뛰어왔어. 엄마가 아기를 얼른 안았기에 망정이지 동생이 바닥에 쿵 떨어질 뻔했지 뭐야. 이 사실도 모르고 헬렌은 엄마가 동생 편만 드는 것 같아 서운했어.

'엄마 미워. 동생만 예뻐하잖아.'

헬렌은 엄마를 발로 차고 소리를 질렀어. 말리는 보모도 발로 차고, 할머니마저 꼬집었지. 이런 일은 자주 일어났어. 식사 때마다 늘 소동이 일어났어. 헬렌은 이 접시, 저 접시에 있는 음식을 손으로 집어 먹었어.

헬렌은 자신이 보내는 신호를 사람들이 못 알아듣는 게 답답하고 속상했어.

'아무도 몰라줘. 사랑하는 엄마조차.'

얼마 후, '닭장 사건'이라고 불리는 일이 일어났어. 여섯 살 헬렌이 엄마를 닭장에 가둔 일이야. 엄마가 닭장에 들어가는 것을 알고, 출입문을 몰래 잠가 버렸어. 가족들은 아무도 이 사실을 알지 못했기 때문에 엄마는 무려 세 시간 동안이나 열어 달라고 문을 두드려야 했지. 그러나 헬렌은 절대 문을 열어 주지 않았단다. 나중에야 식구들이 달려와서 엄마를 꺼내 주었지.

헬렌이 보고 듣지 못해서 문을 열어 주지 않았느냐고? 아니, 헬렌은 숨어서 다 느끼고 있었어. 헬렌은 문에서 나는 진동을 누구보다도 예민하게 느꼈지. 문 뒤쪽에 앉아서 헬렌은 이 소동을 즐기고 있었던 거야.

헬렌은 늘 말썽을 부렸어. 가족과 친척들은 헬렌을 괴물 취급하기 시작했지. 친척들은 헬렌의 머리가 돌았다며 보호 시설로 보내야 한다고 했어. 하지만 헬렌의 엄마는 헬렌이 나아질 것이라고 믿었단다.

'내 딸은 절대 괴물이 아니야.'

부모님은 헬렌을 치료할 의사를 찾기로 했어.

헬렌은 '세 겹의 감옥'에서 나올 수 있을까?

부모님은 헬렌을 데리고 볼티모어로 떠났어. 볼티모어에 실력 있는 안과 의사가 있다는 소문을 들은 거야. 그러나 헬렌을 위해 할 수 있는 치료는 아무것도 없었어. 부모님은 몹시 실망했단다.

안과 의사가 부모님을 위로하며 말했어.

"실망하지 마세요. 그레이엄 벨 박사를 아시죠? 그분을 한번 만나 보세요."

부모님은 희망을 품고 그레이엄 벨을 만나러 워싱턴으로 떠났어. 그레이엄 벨은 전화기를 발명한 사람인 거 알지? 그는 농아들을 가르치는 선생님으로도 알려진 인물이야.

벨 박사는 헬렌을 무릎에 앉히고는 주머니에서 시계를 꺼내서 헬렌

손에 꼭 쥐어 주었어.

"째깍째깍."

헬렌은 시계가 움직이는 것을 진동으로 느낄 수 있었어. 헬렌은 벨 박사를 향해 빙긋 웃었단다. 벨 박사도 따라 웃었지. 벨 박사는 헬렌을 이해하고 있었던 거야. 헬렌은 그레이엄 벨이 좋아졌어.

나는 벨 박사님이 나를 어둠에서 빛으로
지식으로 또 사랑으로 이끄는 다리가 되리라고는
꿈에도 생각지 못했다.

벨 박사는 헬렌 아버지에게 말했어.

"헬렌은 매우 영리한 아이군요. 이 아이를 교육시킬 선생님이 필요합니다. 보스턴에 퍼킨스 맹인 학교가 있어요. 교장 선생님께 헬렌을 교육할 개인 교사를 구해 달라고 하세요."

벨 박사는 헬렌에게 도움을 주었고, 벨 박사가 죽을 때까지 만남은 이어졌어. 헬렌은 도움이 필요할 때면 벨 박사와 의논했어. 벨 박사는 그때마다 헬렌을 도와주었단다.

헬렌의 아버지는 벨 박사의 충고를 받아들이고, 보스턴에 있는 퍼킨스 맹인 학교의 교장에게 급히 편지를 보냈어.

"헬렌을 가르칠 선생님을 저희 집으로 보내 주실 수 있는지요?"

맹인 학교의 교장은 제자 애니 설리번을 떠올렸어. 학교를 졸업한 지 얼마 되지 않았지만, 애니 설리번이라면 헬렌 켈러에게 딱 맞는 선생님이라고 생각했단다.

애니 설리번은 어떤 사람이었을까? 설리번은 어렸을 때 어려움을 많이 겪었어. 엄마가 죽고 아버지는 알코올 중독자로 가정을 돌보지 않았지. 결국 고아원으로 간 설리번은 동생과 함께 지냈어. 동생마저 죽자 그 충격으로 시력을 잃고 말았지. 심한 충격을 받으면 더러 눈이 머는 사람들이 있단다.

설리번은 헬렌에게 말하곤 했어.

"난 그때 텅 빈 동생의 침대를 보면 따라 죽고 싶었단다."

설리번은 자살을 시도하고 자꾸 소리를 질렀어. 사람들은 할 수 없이 지하 병동 독방에 설리번을 가두었는데, 로라라는 간호사가 나섰어. 로라는 치료보다는 설리번의 친구가 되기로 마음먹었단다.

로라의 정성 어린 간호 덕분에 설리번은 2년 만에 다시 정상으로 돌아왔어. 그리고 퍼킨스 맹인 학교에 입학했단다. 설리번은 최우등생으로 졸업을 하고, 신문사의 도움으로 눈 수술도 받아 시력을 되찾았지.

설리번은 칠흑같이 어두운 절망을 경험한 사람이야. 그랬기 때문에 헬렌이 겪는 고통과 절망을 이해할 수 있었어.

애니 설리번이 헬렌의 집에 온 것은 이듬해 봄이었단다.

설리번 선생님은 헬렌이 집안에서 꼬마 독재자 노릇을 하고 있다는 것을 알았어. 헬렌이 소리 지르고, 울고, 떼쓰면 가족들은 헬렌을 달래고 시중드느라 바빴거든.

먼저 설리번은 헬렌이 고삐 풀린 망아지처럼 제멋대로 말썽을 부리는 것을 받아 주지 않았어. 그러자 더욱 소리를 질러 대며 마루를 뒹굴었지.

헬렌은 반항하며 설리번을 마구 때렸어.

"아얏!"

설리번 선생님의 입에서 피가 줄줄 흐르더니, 앞니 하나가 바닥에 떨어지지 뭐야. 헬렌의 주먹이 앞니를 부러뜨린 거야. 하지만 설리번 선생님은 물러서지 않았단다.

설리번 선생님은 언제까지 부모가 헬렌을 돌봐 줄 수는 없다고 생각했어. 그래서 헬렌이 다른 사람의 접시에 있는 음식을 허락 없이 먹지 못하게 했지. 식사할 때는 포크로 먹으라고 가르치고, 머리도 혼자 빗으라고 했어. 신발 끈도 혼자 매라고 했지. 설리번 선생님은 헬렌이 스스로 해낼 때까지 시켰단다.

가족들은 헬렌이 안쓰럽다며 편을 들었어.

"선생님, 헬렌은 아직 어려요."

"아닙니다. 헬렌은 충분히 해낼 수 있어요. 언제까지 헬렌을 어린애 취급하시겠습니까! 나중에 혼자서 살아갈 수 있도록 도와야 합니다."

설리번 선생님은 부모에게 요청했어. 헬렌과 단둘이 지낼 수 있도록 해 달라고 말이야. 부모의 지나친 간섭이 헬렌을 망칠 수 있다고 생각한 거야.

    설리번은 도착한 첫날부터 글자 교육을 시작하였어. 설리번은 선물로 가져온 인형을 헬렌에게 주었어. 그러고는 헬렌의 손에 '인형'이라고 썼어.

인형을 가지고 제법 놀았을 즈음,

설리번 선생님은 내 손에 천천히 '인형'이라고 썼다.

나는 이 손가락 놀이에 흥미를 느꼈고,

그대로 흉내 내려고 애썼다.

헬렌이 인형을 가지고 놀고 있었어. 설리번 선생님은 그 인형 말고 낡은 인형을 무릎에 올려놓고는, 헬렌 손바닥에 다시 인형이라고 썼어. 새것이든 헌것이든 모두 인형이라고 부른다는 사실을 헬렌에게 이해시키려 한 거야.

설리번 선생님은 '컵'과 '물'도 가르쳤는데 헬렌은 두 개를 헷갈려 썼어. 이를테면 컵을 물로, 물을 컵이라고 안 거야. 끝내 이해하지 못하자 헬렌은 울음을 터뜨렸지.

설리번 선생님은 헬렌을 얼른 밖으로 데리고 갔어. 갑자기 선생님은 물이 뿜어져 나오는 펌프 꼭지 아래에다 헬렌의 손을 이끌어 갖다 대지 뭐야.

'컵, 컵이잖아!'

헬렌은 콸콸 쏟아지는 물을 만지자 기분이 좋아졌어. 설리번 선생님이 헬렌의 손에 천천히 '물'이라는 글자를 썼어. 두 번째는 빠르게 '물'이라고 썼단다.

나는 그제야 지금 내 손 위로 세차게 쏟아지는

이 차가운 물줄기가

'컵'이 아니라, '물'이라는 것을 알았다.

"이것을 '물'이라고 부르는 거구나!"

1887년 4월 5일에 일어난 일이야. 헬렌은 어른이 되어서도 두고두고 이 일을 기억하고 이야기했어. 헬렌이 태어나서 처음으로 '모든 사물은 이름을 갖고 있다.'는 사실을 깨달았기 때문이야. 헬렌이 갑자기 뒤로 돌더니 설리번을 가리켰어. 설리번은 금세 알아채고 헬렌의 손에 글자를 써 주었지.

"선. 생. 님!"

헬렌은 함빡 웃으며 선생님 손에 똑같이 '선생님' 글자를 써 보였어.

헬렌은 '희망의 증거'가 되었을까?

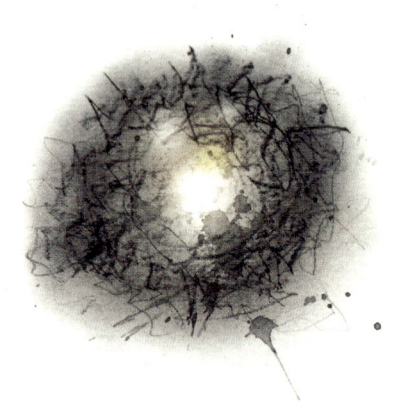

'우물가 사건' 이후, 헬렌은 어떻게 변했을까? 헬렌은 손으로 만지는 모든 것의 이름을 알고 싶었단다. 헬렌은 글자를 배우는 데 푹 빠졌어. 하루 종일 손가락을 움직이며 글자를 깨쳤지. 심지어 손바닥에 글을 쓰면서 자기 자신과 이야기를 나누었단다. 막 말문을 연 아기가 말을 하고 싶어서 종일 옹알거리는 것처럼 말이야.

설리번 선생님이 온 첫 해에 헬렌은 낱말 900개를 배웠어. 하루 종일 손가락으로 쓰고 또 썼지. 설리번 선생님은 글자를 써 주느라 손가락이 퉁퉁 부을 지경이었단다. 헬렌은 하루라도 빨리 글을 배워서 마음속에 있는 생각을 많이 나누고 싶었어. 나중에는 연필로 글씨 쓰는 법을 익혔지.

듣지도 못하고, 보지도 못하는 아이가
대화의 즐거움을 알아 가는 일은 정말이지
어려운 노릇이다.
보이지도 들리지도 않는 가운데 그 아이가 얼마나
뼈를 깎는 노력을 기울여야 했을지 짐작되지 않는가.

어느 날 헬렌은 보지도, 듣지도, 말하지도 못하는 노르웨이 소녀가 말하는 법을 배우는 데 성공했다는 이야기를 들었어. 헬렌은 무척 놀랐어.

'나도 그 소녀처럼 말할 수 있다면 얼마나 좋을까!'

헬렌의 마음이 활활 불타올랐어. 자기도 그 소녀처럼 말하는 법을 꼭 배우리라 하고. 하지만 헬렌 같은 3중 장애인이 구화법을 배우는 것은 매우 어려운 일이야. 구화법은 발성 기관 모양만 보고 소리 내는 법을 익혀야 해. 이를테면 상대방이 말할 때 입과 목젖의 모양을 보거나 손으로 만져서 말하는 방법을 익히는 거야. 하지만 헬렌은 볼 수 없으니 배우기가 더욱 힘들었지.

헬렌이 고집을 부리자 설리번 선생님은 보스턴 호레이스만 농학교의 교장 선생님을 만났어.

"헬렌, 말하는 법을 가르쳐 주마."

헬렌은 뛸 듯이 기뻤어. 헬렌은 말을 이해하기 위해 교장 선생님의 입술과 목, 얼굴을 수도 없이 만지며 흉내를 내 보았어. 설리번 선생님도 가르쳤는데, 헬렌에게 입 안에 손을 넣어 목젖을 만져 보라고 했단다. 헬렌은 한 글자를 발음하기 위해 수백 번, 아니 수천 번 연습하였지.

그렇게 익힌 말을 가장 친한 친구에게 말했어. 그런데 친구들이 못 알아듣는 게 아니겠어! 헬렌은 무척 속상했지만 다시 연습했어. 한 음절, 한 음절 또박또박 말이야.

어느 날 헬렌은 띄엄띄엄 말했어.

"나.는.벙.어.리.가.아.닙.니.다."

가족들 모두 감격해서 눈물을 흘렸단다.

구화법을 익힌 뒤로 헬렌은 말하는 사람의 코에 가운뎃손가락을, 목에 엄지손가락을, 입술에는 집게손가락을 대고서 상대방의 말을 알아들을 수 있었어. 헬렌이 말하는 법을 배웠다고 해서 자유롭게 이야기를 할 수 있었던 것은 아니야. 여전히 말을 더듬거렸고 보통 사람들은 알아듣기 힘들었단다.

하지만 헬렌은 자기 목소리로 이야기할 수 있게 되어서 기뻤어.

훗날 많은 사람들 앞에서 장애인을 위해 강연을 하거나, 연설하는 명연설가로도 이름을 날렸지. 사람들이 못 알아들으면 설리번 선생님이 통역을 해 주었단다.

열여섯 살이 된 헬렌 켈러는 어느 날, 친구들 앞에서 말했어.

"나는 꼭 대학에 갈 거야."

친구들은 깜짝 놀라며 말했어.

"헬렌, 대학은 정상인도 가기 힘든 곳이야. 네가 어떻게 갈 수 있겠니?"

친구들은 모두 반대했어. 그 시절에는 여자가 대학을 간다는 것은 상상도 못할 일이었으니까. 장애인은 말할 것도 없었지.

하지만 설리번은 헬렌을 격려했어.

"헬렌, 네가 실패한다고 해도 무엇인가 가치 있는 것을 얻게 될 거야. 시작하고 실패하는 것을 두려워 말렴. 나도 힘껏 도우마!"

헬렌 켈러는 큰 용기를 얻었어. 1896년 케임브리지 여학교에 입학해서 차근차근 대학 갈 준비를 했지.

대학에 들어가려면 독일어, 프랑스어, 라틴어, 영어, 그리스어, 그리고 로마 역사 등의 과목을 공부해야 했어. 이 많은 공부를 어떻게 했을까? 헬렌은 점자로 만든 책을 구해다가 열심히 공부했어. 점자란 앞 못 보는 시각 장애인이 손가락으로 더듬어 읽도록 만든 글자야. 그러나 당시에는 그런 책이 많지 않았단다. 설리번 선생님은 헬렌 켈러와 함께 수업을 듣고 모든 내용을 손에 써 주었어. 설리번 선생님이 그 많은 수업 내용을 듣고 꼼꼼히 알려 주었다니, 얼마나 힘들었을지 상상할 수 있겠니?

설리번 선생님은

공부하다가 새로운 낱말이 나오면 일일이 사전을 찾아

설명해 주셨다. 점자로 되어 있지 않은 책은

몇 번이고 거듭 읽고, 또 읽어 주셨다.

마침내 헬렌 켈러는 우수한 성적으로 래드클리프 대학의 입학 시험에 합격했어. 이어 1904년에는 우등생으로 당당히 대학을 졸업했지. 시각·청각 장애인으로는 세계 역사상 처음 있는 일이었단다.

많은 사람들이, 장애인은 공부할 수 없고, 대학에 갈 수 없다고 생각했어. 이런 편견과 오해에 맞서 싸운 게 헬렌 켈러야. 헬렌은 스스로 이것을 깨뜨렸잖아. 그를 따라 장애인들은 헬렌이 이룬 삶을 보며 꿈과 희망을 품었단다.

헬렌은 사회 문제에 관심이 많았어. 여성에 대한 사회의 잘못된 생각을 바꾸어야 한다고 주장했지. 당시 미국은 여성들이 투표에 참여할 수 있는 권리를 주지 않았단다. 미국뿐만 아니라 오늘날 선진국이라는 나라들도 그랬어.

"여성도 당당히 투표할 권리가 있습니다. 투표권을 주세요!"

이것을 여성 참정권 운동이라고 해.

헬렌은 여성뿐만 아니라 사회적으로 약자인 어린이를 위해서도 노력했어.

"어린이들을 공장에서 일하게 하는 것은 옳지 않습니다."

헬렌은 어린이 노동이 나쁜 일이라는 것을 알리는 캠페인을 벌였어. 노동자의 권리를 찾는 데도 적극적으로 앞장섰지.

헬렌은 평화주의자로 널리 알려졌어. 당시 미국이 제1차 세계 대전에 참여한다는 말을 듣고, 헬렌은 미국 대통령에게 편지를 보냈단다.

"미국이 전쟁에 참여하는 것을 반대합니다. 노동자들이 전쟁에서 얻을 게 아무것도 없습니다. 임금이 늘어나는 것도 아니고, 노고가 줄어드는 것도 아니며, 가정이 편안해지는 것도 아닙니다. 이런 전쟁에 왜 뛰어들려고 하는 건가요?"

헬렌은 설리번 선생님과 함께 장애인을 위한 기금 마련을 위해 전 세계를 돌았어. 사람들은 헬렌의 연설을 듣기 위해 몰려들었단다.

"장애인들은 취직을 하려고 해도 받아 주는 회사가 없어요. 국가가 나서서 일자리를 줘야 합니다."

한편, 설리번 선생님은 몸이 몹시 쇠약해졌어. 무려 50년에 가까운 세월 동안 한시도 떨어지지 않고 헬렌의 눈과 귀, 입이 되어 준 설리번은 1936년 숨을 거두었단다. 헬렌은 설리번이 죽자 자신의 반쪽을 잃은 것처럼 슬퍼했어.

설리번이 죽고 나서도 헬렌은 희망을 증명하는 데 앞장섰어. 1943년부터 1946년까지 곳곳을 돌아다니며 장애인이 된 군인들을 위로했지. 군인들은 헬렌이 격려하는 한마디, 한마디에 힘과 용기를 얻었어.

"저는 눈과 귀와 혀를 빼앗겼지만, 제 영혼을 잃지 않았기에 그 모든 것을 가진 것이나 마찬가지입니다. 부디 태양을 보고 사십시오."

헬렌의 연설은 사람들 가슴마다 희망의 등불을 밝혔어. 장애인들은 3중 장애를 극복한 헬렌을 보는 것만으로도 희망을 얻었지. 그래서 오늘날 헬렌을 '3중고의 성녀'라고 부르며 존경한단다.

사람들에게 희망의 상징이 된 헬렌은 1964년 세계 평화와 문화에 이바지한 사람에게 주는 미국 최고의 훈장인 '자유의 메달'을 받았어. 1968년, 헬렌은 영원한 안식을 찾아 세상을 떠났단다.

희망은 인간을
성공으로 인도하는 신앙이다.
희망이 없으면, 아무것도 이룰 수 없다.

헬렌 켈러

● 1880년 미국 앨라배마 주에서 태어났다.

● 1882년 급성 열병을 앓고 나서 시력과 청력을 잃었다.

● 1887년 앤 설리번에게 언어 교육을 받기 시작했다.

 ● 1887년 우물가 사건으로 물의 철자를 익혔다. 모든 사물에 이름이 있음을 깨달았다.

● 1888년 보스턴에 있는 퍼킨스 맹인 학교에 들어가 점자 교육을 받았다.

● 1900년 래드클리프 대학에 입학했다.

● 1936년 평생의 스승 설리번이 세상을 떠났다.

 ● 1904년 래드클리프 대학을 졸업하여, 시각·청각 장애인으로서는 최초로 대학 졸업장을 받았다.

 ● 1964년 미국의 최고 훈장인 '자유의 메달'을 받았다.

● 1968년 세상을 떠났다.

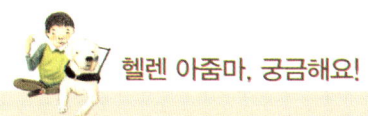 헬렌 아줌마, 궁금해요!

🎤 제 이름은 지누예요. '헬렌 켈러' 이야기를 여러 번 들은 적이 있어요. 제가 시각 장애인이기 때문에 엄마가 자주 읽어 주셨거든요. 그런데 헬렌 아줌마의 이야기를 듣다 보면 설리번 선생님 같은 분을 만나고 싶어지더라고요. 그분이 자주 한 말은 무엇이었나요?

👧 시각 장애인이라고 당당하게 말하는 지누가 참 좋구나.
설리번 선생님과 나는 보통 친한 사이가 아니었단다.
1887년 처음 우리 집에 가정 교사로 오신 날부터
1936년 설리번 선생님이 하늘 나라로 가실 때까지,
거의 50년 동안 헤어지지 않고 줄곧 붙어 있었으니까.
선생님은 내가 가는 곳이면 언제나 옆에 계셨어.
설리번 선생님이 결혼하신 뒤에도 함께 살았지.
언제나 내가 설리번 선생님께 의지했지만 나중에는 설리번 선생님이
나에게 의지하셨단다.
선생님이 돌아가셨을 때는 내 반쪽이 없어지는 듯한 슬픔을 느꼈지.
설리번 선생님은 이런 말을 자주 해 주셨어.
"시작하고 실패하는 것을 계속하라. 실패할 때마다 무엇인가 성취할 것이다.
네가 원하는 것을 성취하지 못할지라도 무엇인가 가치 있는 것을 얻게 되리라."
또 설리번 선생님은, "절대로 포기하지 마라. 모든 가능성을 다
시도해 보았다고 생각하지 말고 언제나 다시 시작하는 용기를
가져야 한다."라고 말씀해 주시기도 했어.
언제 들어도 힘을 주는 말이야.
지누야, 풀이 죽어 우울할 때, 설리번 선생님 말을
떠올려 보렴! 힘이 솟아날 거야.

겸손하려면 머더 테레사처럼!

저는 하느님이 쥐고 있는 몽당연필에 지나지 않습니다.

- 머더 테레사 -

가난한 자들의 어머니, 머더 테레사

    1979년 12월 10일, 노르웨이 오슬로 시청사에서는 노벨 평화상 시상식이 열리고 있었어. 노벨 평화상은 평화와 인권, 민주주의를 위해 삶을 바친, 헌신적이고 용기 있는 사람에게 주는 상이야. 콘서트 하우스에는 수백 명의 사람들이 모였어. 매서운 추위지만 모두들 손에 등불을 들고 누군가를 기다리고 있었지. 이윽고 강당 안에서 박수 소리가 우렁차게 들려왔어. 대체 누구에게 박수를 보내는 걸까?

    잠시 후 하얀 옷을 입은 사람이 앞으로 걸어 나왔어. 쪼글쪼글한 얼굴과 허리가 구부정한 게 영락없는 할머니였지. 바로 '사랑의 성녀'라 불리는 머더 테레사야!

    수상식이 끝나자 세계에서 온 기자들이 머더 테레사를 둘러쌌어. 노벨 평화상을 받은 소감을 묻자 머더 테레사는 말했단다.

"저는 노벨 평화상을 받을 자격이 없습니다. 다만 모두에게 버림받고, 사랑에 굶주리고, 죽음을 눈앞에 둔 가난한 사람들을 대신하여 상을 받은 것입니다."

기자들은 이어지는 수상 축하 만찬에 머더 테레사가 참석할 것인지 물었어.

"수상 축하 만찬은 필요 없습니다. 부디 그 비용을 가난한 사람들을 위해 써 주십시오. 저에게 필요한 것은 기도드리는 장소뿐이기 때문입니다."

머더 테레사는 노벨 평화상뿐만 아니라 수많은 상을 받았어. 인도의 파드마슈리상, 필리핀의 막사이사이상, 로마 교황이 주는 교황 요한 23세 평화상, 미국 최고의 훈장인 자유의 메달 등.

인도 콜카타의 하우스에는 머더 테레사가 쓰던 방이 있어. 방은 매우 초라해 보여. 검소한 방에는 침대와 책상과 몇 개의 마분지 상자만 눈에 띌 뿐이야. 마분지 상자마다 물건이 들어 있었는데 그중 하나에 '상'이라고 적혀 있단다. 머더 테레사가 받은 상은 모두 그 속에 차곡차곡 담겼어. 그 상자가 다 채워지면 창고에 보관하기 위해 철제 상자에 넣었단다.

세상을 떠난 뒤에도 여전히 머더 테레사가 받은 표창과 상이 일곱

개의 소박한 철제 상자에 들어 있어. 보통 사람 같으면 어땠을까? 사람들에게 자랑하기 위해 근사한 액자에 넣어 걸어 놓거나 상패를 진열해 놓았을 거야.

그러나 머더 테레사는 그렇게 하지 않았어. 그보다는 할 줄 몰랐다고 해야 맞을 거야. 머더 테레사는 명예나 훈장 따위를 그다지 대단한 것으로 여기지 않았기 때문이란다.

가난한 사람들이 테레사에게 가르쳐 준 겸손은 무엇일까?

머더 테레사는 대체 어떤 사람이기에 많은 상을 받고, 사람들에게 존경을 받는 걸까? 머더 테레사는 로마 가톨릭 수녀로, 1950년 인도 콜카타에서 사랑의 선교회를 설립하였어. 이후 45년간 사랑의 선교회를 통해 인도와 여러 나라에서 가난한 사람들과 병자, 고아, 그리고 죽어 가는 이들을 위해 헌신하였단다.

머더 테레사가 노벨 평화상을 수상하면서 이런 이야기를 들려주었어. 실제 있었던 일이래.

머더 테레사는 40여 년을 가난한 사람들을 돌보며 지냈어. 어느 날 머더 테레사는 수녀들과 인도의 콜카타 거리를 걸어가고 있었단다. 그때 길가의 시궁창에 버려진 한 여자를 발견했어. 구더기가 온몸을 파먹고 있던 터라 아주 끔찍했지.

머더 테레사는 여자를 '임종자의 집'으로 옮겼어. 임종자란 죽은 사람을 말해. 많은 사람들이 길거리에서 죽어 가고 있다는 것을 알고 지상의 마지막 순간이라도 편안하고 행복하게 죽을 수 있도록 마련한 시설이란다.

머더 테레사는 여자의 몸을 파먹는 구더기를 일일이 제거하고 여자를 깨끗하게 씻겼어. 악취가 나는 몸을 씻어 주는 것은 쉬운 일이 아니야. 머더 테레사는 여자를 편안한 침대로 옮겨 눕히고는 눈동자가 흐릿한 여자를 바라보며 말했어.

"힘을 내세요. 당신은 살아날 거예요. 소중한 사람이니까요."

여자는 말을 알아들었는지 밝게 미소 짓지 뭐야.

'이렇게 아름다운 미소를 본 적이 있었을까!'

머더 테레사는 놀라웠어. 이윽고 여자의 입이 열리면서 작은 소리가 흘러나왔어.

"아!"

여자는 지상에 마지막 말을 남기려고 안간힘을 썼어. 머더 테레사가 바짝 다가가 말했어.

"기운을 내서 말해 보세요."

여자는 띄엄띄엄 말했어.

"고…마…워…요!"

여자는 밝게 웃더니 눈을 감았어. 그리고 숨이 멎었어.

머더 테레사는 무릎을 꿇고 깊은 생각에 잠겼어.

'죽어 가는 마당에 '감사'라니!'

머더 테레사는 '만일 내가 이 여자였다면 어떻게 했을까?' 생각했어. '당장 죽게 생겼으니 관심을 가져 달라.'고 애원하거나, '나는 추워요.' '나는 배고파요.', '나는 죽어 가고 있어요.' 이런저런 떼를 썼을 거라고.

그러나 이 여자는 그렇게 말하지 않았다.

이 여자는 내가 해 준 것보다

더 많은 것을 나에게 주었다.

여자에게서 자신이 해 준 것보다 더 많은 것을 받았다고, 머더 테레사는 고백했어. 무엇을 그리 많이 받았다는 걸까?

"저는 겸손했던 그 여자를 통해 남을 어떻게 이해해야 하는지를 배웠어요. 가난한 사람들 중에는 이처럼 놀라운 인간성을 지닌 사람들이 있어요."

시궁창에서 데려온 한 노숙자도 마찬가지였어. 머더 테레사는 '임종자의 집'으로 옮겨 깨끗이 씻긴 다음 침대에 뉘였지. 그러고는 따뜻한 죽을 떠먹여 주었단다. 노숙자는 수녀들이 베푼 친절에 감사의 눈물을 흘리며 말했어.

"저는 길거리에서 동물처럼 살아왔어요. 그런 제가 이처럼 따스한 보살핌을 받았기에 천사처럼 죽을 수 있을 거예요."

머더 테레사는 놀라웠어.

'누구도 원망하지 않고, 누구도 저주하지 않으며, 누구와도 비교하지 않고 죽을 수 있다니!'

머더 테레사는 이 사람이야말로 천사와 같다고 생각했어. 이게 바로 인간이 지닌 위대함이 아닐까 하고 여겼지.

이것도 머더 테레사가 들려준 이야기야.

머더 테레사는 아이가 여덟 명이나 되는 힌두교 가족이 오랫동안 굶주리고 있다는 소식을 들었어. 머더 테레사는 주위에서 얻은 쌀을 들고 그 집을 찾아갔지. 가서 보니 쌀독은 텅 비어 있고 아이들은 비쩍 말라 있었단다.

　그런데 아이들의 어머니는 머더 테레사에게 받은 쌀을 반으로 뚝 가르더니, 밖으로 들고 나가는 거야. 잠시 후, 아이들의 어머니가 돌아왔어.

　머더 테레사가 궁금해서 물었어.

　"급하게 어디를 다녀오셨어요?"

아이들의 어머니는 환하게 웃으며 대답했어.

"쌀을 나눠 먹으려고 뒷집에 다녀왔어요. 뒷집 사람들도 저희처럼 며칠째 굶고 있거든요."

자기 가족도 굶는 형편에 이웃에게 쌀을 나누어 주다니! 게다가 뒷집 사람들은 힌두교도가 아니라 이슬람교도였어. 테레사는 가난한 사람들은 비록 가진 것은 없지만 부자보다 훨씬 많은 사랑을 지니고 있는 것을 느꼈단다.

이 어머니는 자신이 **고통**을 당하면서도

남에게 먹을 것을 나누어 주었던 것이다.

이것이야말로 **살아 있는 사랑**이 아닌가!

물론 가난하면 불편함이 이만저만이 아니야. 심지어 고통스럽기까지 해. 그렇다고 가난은 오직 고통만 안겨 줄까? 머더 테레사는 "가난은 하느님이 준 축복이며, 가난한 사람은 아름답다."라고 말했어. 가난은 인간을 겸손하게 만들고, 마음을 비워 신에게 더 가까이 이끈다는 거야.

겸손이 아닌 것은 무엇일까?

사랑의 선교회에 들어가 수녀가 되려면 세 가지 서원을 해야 해.

첫째, 가난한 사람을 사랑하기 위하여 스스로도 가난하기를 서약한다.

둘째, 마음을 흐트러뜨리지 않고 그리스도에 대한 전적인 봉헌을 서약한다.

셋째, 진심으로 솔직하게 따른다.

수녀들에게 지급하는 수녀복은 세 벌이야. 한 벌은 평소에 있는 옷, 한 벌은 입던 옷을 빨래하고 있을 때 입는 옷, 또 한 벌은 비상시 입는 옷이야. 그리고 빨래할 양동이 한 개와 기도책 한 권, 담요 한 장이 수녀들이 가질 수 있는 전부란다. 그 밖에 개인 소지품은 가질 수 없게 했어. 이것은 머더 테레사가 만든 규칙인데, 매우 엄격하게 지켜야 했어.

머더 테레사는 수녀들에게 가르쳤어.

"우리 자신이 가난이 무엇인지 모른다면, 어떻게 가난한 사람들을 도울 수 있을까요? 스스로를 낮춰야만 사랑을 베풀 수 있지요."

머더 테레사가 인도 콜카타에서 가난한 사람들을 위한 일을 시작했을 때 일이야. 하루는 수련 수녀가 '임종자의 집'의 화장실을 청소하러 갔단다. 그런데 들어가자마자 코를 막고 밖으로 뛰쳐나오는 거야.

"지독한 냄새!"

우연히 머더 테레사가 이 광경을 보았어. 머더 테레사는 팔을 걷어붙이더니 빗자루와 양동이를 들고 화장실로 곧장 들어갔지. 화장실은 배설물로 발 디딜 틈 없이 더러운 상태였단다. 한참이 지나서야 머더 테레사가 나왔어. 수련 수녀는 깨끗해진 화장실을 보고, 놀란 얼굴로 머더 테레사를 바라보았단다.

수련 수녀는 머더 테레사에게 다가갔어. 용서를 청하기 위해서 말이야. 수녀가 되면 아무리 힘든 일이라도 따르기로 맹세했거든.

"머더……."

이곳에 있는 사람들은 테레사 수녀님을 언제나 '머더'라고 불렀어. 머더 테레사는 수련 수녀가 무슨 말을 하려는지 안다는 듯이 다정하게 말했어.

"수련 수녀님, 괜찮아요. 이걸 보고 구역질 나는 건 당연하잖아요."

수련 수녀는 머더 테레사에게 배운 교훈을 잊지 않았어. 그 뒤 '사랑의 선교회'에 속한 수녀들은 머더 테레사를 본받아 힘들고 어려운 일을 기꺼이 맡아서 했단다.

머더 테레사는 겸손에 대해 말했어.

> 겸손이 아닌 것은
> 자기 자신에 대해 언제나 변명을 하는 것.
> 겸손은 모든 것을 도맡아 하려는 마음이다.

1985년 10월, 머더 테레사는 유엔 총회에서 연설을 해 달라는 요청을 받고 미국에 갔어. 그날도 평소와 다름없이 워싱턴의 수녀원에서 다른 수녀들처럼 수녀원 규칙대로 생활했어. 일찍 일어나 미사를 드리고 기도를 하고 청소를 했지. 자신이 입은 옷을 빤 다음, 화장실과 바닥을 닦았단다. 또 언제나 그랬듯이 머더 테레사는 화장실 청소를 도맡았어.

인도에서 미국까지 온 손님이 화장실 청소를 하다니! 여러 수녀들이 말렸어.

"저희들이 할 테니 머더는 다른 일을 보세요."

머더 테레사는 활짝 웃으며 말했어.

"제가 이 분야는 전문이에요. 아마도 화장실 청소는 세계 최고일 거예요."

머더 테레사는 화장실을 말끔히 청소하고 나서야, 유엔 총회에서 연설을 하기 위해 뉴욕으로 향했단다.

화장실에 얽힌 이야기는 또 있어. 한번은 머더 테레사가 미국 레이건 대통령을 만나기 위해 워싱턴으로 향할 때야. 한 수녀가 머더 테레사를 수행했어. 그런데 수녀는 비행기 안에서 이상한 일을 보게 되었단다.

'머더가 왜 이 화장실, 저 화장실로 옮겨 다니며 볼일을 보는 걸까?'

머더 테레사는 처음에는 비행기 앞쪽의 비즈니스 클래스의 화장실에 갔어. 그러고는 비행기 뒤쪽에 있는 다른 화장실로 또 들어가는 거야.

호기심 많은 수녀가 궁금해서 물었지.

"머더, 왜 화장실을 여러 번 옮기세요?

머더 테레사는 별일 아니라는 듯, "액막이하는 거예요." 라고 말했어.

머더 테레사가 비행기에 있는 모든 화장실을 청소한 거야! 이처럼 머더 테레사는 남들이 싫어하는 일을 도맡아 했어. 하지만 절대 자랑하거나 애써 드러내지 않았단다.

인도의 콜카타에 있는 '임종자의 집'은 화장실 청소가 큰 골칫거리였어. 자원봉사자들조차 더러운 화장실은 청소하기 싫어했기 때문이야. 그래서 머더 테레사와 수녀들이 하는 수밖에 없었단다.

어느 날, 세련된 옷을 입은 한 남자가 머더 테레사를 만나겠다고 왔어. 이 남자는 유명한 항공사 사장이었지. 수녀들은 머더 테레사가 있는 쪽을 가리키며 가 보라고 했단다. 거기에는 땀을 뻘뻘 흘리며 화장실 청소를 하는 머더 테레사가 있는 거야! 남자는 너무 놀라웠어.

머더 테레사는 남자를 반기며 말했어.

"어서 오세요. 화장실 변기 솔은 이렇게 잡아야 합니다. 청소는 이 순서대로 하세요. 물을 최대한 아껴 써야 해요."

머더 테레사는 남자를 자원봉사자로 착각하고 변기 솔을 넘겨주었어. 그러고는 총총 그 자리를 떠났어. 항공사 사장은 그 뒤 '화장실 사건'을 자신의 삶을 변화시킨 가장 중요한 20분이었다며 여러 사람들에게 털어놓았단다.

머더 테레사는 종종 이런 말을 했어.

"어떻게 겸손한 태도를 배울 수 있을까요?

그것은 스스로를 낮춰야만 가능해요."

가장 끔찍한 가난은 무엇일까?

머더 테레사는 인도뿐만 아니라 세계 어느 곳이든 사랑의 손길을 펼쳤어. 미국의 뉴욕, 영국의 런던 등 선진국 대도시에도 '사랑의 선교회'를 세워 수녀들을 파견했지. 수녀들은 가난한 사람들을 찾아 돌보았어. 머더 테레사의 활동 영역은 점점 세계 여러 나라로 퍼져 나갔단다. 모두 머더 테레사가 이루어 놓은 성과야.

어떤 기자가 머더 테레사에게 물었어.

"수녀님, 경제적으로 넉넉한 선진국까지 도울 일이 뭐 있습니까? 선진국 스스로 얼마든지 할 수 있잖습니까?"

머더 테레사가 말했어.

"가장 끔찍한 가난은 외로움과 사랑받지 못한다는 것 아닐까요? 그

것은 한 조각 빵이 없어 굶주리는 것보다 더 가슴 아픈 일입니다. 선진국에는 마음이 굶주린 사람들이 아주 많아요."

머더 테레사는 캐나다에서 일어난 이야기를 들려주었어.

어느 날 머더 테레사는 홀로 사는 노인을 발견했어. 누구도 쓰레기 더미같이 생긴 이 집에 사람이 살 거라고 생각하지 못했지. 머더 테레사가 방에 들어가자마자 심한 악취가 풍기고, 쓰레기가 온 방 안에 가득한 데다, 먼지가 두껍게 앉은 창문은 굳게 닫혀 있지 뭐야.

"집과 침대를 청소할게요."

머더 테레사는 익숙한 솜씨로 청소를 하기 시작했어.

갑자기 할머니가 고함을 질렀어.

"내 집에서 당장 나가!

그런데 머더 테레사는 할머니를 향해 싱긋 미소를 던질 뿐, 하던 청소를 계속했어.

"그만두라니까 왜 말을 듣지 않아?"

할머니는 계속 소리를 질렀지만 말투는 처음보다 누그러졌어.

머더 테레사의 눈에 방 안 구석에 놓인 낡은 램프가 들어왔어.

"할머니, 방 안이 컴컴한데 램프에 불

을 켜지 그러세요?"

"누굴 위해 램프를 켜누? 아무도 나 같은 사람은 찾지 않는데 빛 따위가 무슨 소용이야!"

할머니는 고개를 가로저었어. 할머니는 세상과 이웃에게 버림받고 방 안에 갇혀 죽기만을 기다려 온 거야.

머더 테레사는 할머니에게 함박웃음을 지으며 말했어.

"할머니, 앞으로 저희 수녀들이 날마다 찾아올 거예요. 그때마다 램프에 불을 켜 놓는다고 약속하세요."

"물론이지."

어느덧 할머니는 자신을 돌보기 위해 찾아온 수녀들을 환영하기 시작했어. 날마다 낡은 램프에 등불을 밝혀 놓고 말이야. 수녀들의 따뜻한 보살핌을 받은 할머니는 건강한 모습을 되찾았고말고.

한번은 기자가 머더 테레사에게 짓궂은 질문을 했어.

"수녀님, 수녀님이 돌아가시면 이 세상은 전과 똑같을 겁니다. 그토록 가난한 사람들을 위해 애쓰셨는데 대체 세상은 뭐가 바뀐 거죠?"

머더 테레사는 여전히 밝게 웃으며 말했어.

"제가 이 세상을 바꿀 수 있다고 생각한 적이 없어요. 바다에 붓는 저의 노력은 물 한 방울이에요."

머더 테레사가 전 세계에서 펼치는 수많은 활동과 업적이 어찌 '물

한 방울'에 불과하겠니! 그러나 머더 테레사는 기꺼이 스스로를 낮추어 말했어.

"맞아요. 내가 이 세상에 한 일은 바다에 물 한 방울을 더한 것에 지나지 않아요. 다만 내가 물 한 방울을 더하지 않았다면 바다는 물 한 방울이 부족했을 거예요."

기자가 아무 말도 하지 못하자, 머더 테레사가 다시 말했어.

"기자 양반, 왜 당신도 물 한 방울이 되려는 노력을 하지 않나요? 그렇다면 우리는 두 방울이 되지요. 결혼했나요?"

"네."

"그럼 벌써 세 방울이네요. 아이들은 있나요?"

"세 명입니다."

"그러면 벌써 여섯 방울이네요. 부인과 아이들에게 꼭 이야기해 주세요."

머더 테레사가 우리에게 준 교훈은 참으로 많아. 머더 테레사가 '사랑의 성녀'로 불리게 된 밑바탕에는 신을 향한 절절한 신앙심과 자신의 명예나 업적을 내세우지 않고 늘 스스로를 낮추는 마음, 즉 겸손한 마음이 있기 때문일 거야.

"아마도 화장실 청소는 제가 세계 최고일 거예요."

누구도 하기 싫어하는 일을 기꺼이 도맡아 하려는 마음, 그것이 겸손한 마음이야. 마지막으로 머더 테레사가 우리에게 실천할 수 있는 겸손에 대해 귀띔한 게 있어.

자신에 대해 가능한 한 적게 이야기할 것

자신의 일에 **전념**할 것

다른 사람들의 일에 간섭하지 말 것

다른 사람들의 **실수**를 너그럽게 보아 넘길 것

무시당하고 잊히고 미움을 당하는 것을 받아들일 것

특별히 사랑받고 존경받기 위해 애쓰지 말 것

약이 오를 때도 친절하고 온순할 것

사람의 품위를 짓밟지 말 것

항상 **가장 힘든 것**을 택할 것

어때? 이 중에 하나라도 좋으니 머더 테레사처럼 해 보지 않을래?

자기 자신에 대해 변명을 하는 건 겸손이 아니에요.

머더 테레사

- 1910년 3남매 중 막내로 태어났다.

- 1931년 로레토 수녀원에서 운영하는 성 마리아 학교의 선생님이 되었다. 학생들에게 윤리와 역사, 지리를 가르쳤다.

- 1948년 수도원을 떠나 가난한 사람들을 찾아갔다. 인도 시민권을 신청해서 인도인이 되었다. 빈민가에 최초로 학교를 열도록 허가를 받았다.

- 1955년 버려진 아이들을 위한 보육원 사슈 브하반을 열었다. 그 후 사랑의 선교회 수도원이 설립될 때마다 잇따라 보육원을 세웠다.

- 1957년 나병 환자 순회 진료소를 설립하였다. 이후 티티가르의 나병 환자 공동체와 샨티 나가르(평화의 마을)로 발전하였다.

- 1962년 파드마슈리상과, 막사이사이상을 받았다.

- 1979년 노벨 평화상을 받고, 상금은 모두 가난한 사람들을 위해 기부했다.

- 1965년 교황 바오로 6세가 사랑의 선교회를 교황청이 직접 관할하는 수도회로 허락했다. 이 때문에 전 세계에 사랑의 선교회를 세울 수 있게 되었다.

- 1981년 한국을 방문하고 한국에 사랑의 선교회를 세웠다. 이후 1985년 두 번째 방문하여 성 라자로 마을을 찾았다.

- 1997년 심장 질환으로 세상을 떠났다.

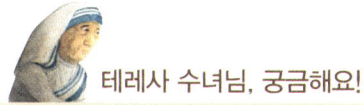 테레사 수녀님, 궁금해요!

🎤 테레사 수녀님, 저는 안나예요. 저희 집은 그리 넉넉지 못해요. 아버지는 교통사고로 돌아가시고, 엄마가 식당에서 일하며 버는 수입으로 살아가요. 하지만 우리 식구는 늘 웃음을 잃지 않으려고 해요. 서로를 기쁘게 해 주려고 반짝 이벤트도 펼쳐요. 수녀님, "가난한 사람들이 아름답다."라고 말씀하셨는데, 좀 더 이야기를 해 주세요.

👩 어느 날 거리에서 한 아이를 만났단다. 얼굴은 몹시 마르고, 눈이 휑한 게 며칠 동안 한 입도 못 먹은 게 분명했어. 나는 빵 조각을 건넸어. 그 아이는 빵을 조금씩 떼어 먹었지.
"얘야, 빵을 더 줄 테니 마음껏 먹으렴."
가난한 아이가 대답했어.
"모두 먹은 다음에는 다시 배고플까 두려워요."
이 아이는 가난이 무엇인지 실제 겪어 본 거야. 나는 이 아이를 '사랑의 선교회'에서 운영하는 '고아들의 집'으로 데려갔어. 깨끗이 목욕을 시킨 뒤 예쁜 옷을 입혀 주었단다. 그런데 오후에 보니 그 아이가 사라졌어. 우리는 아이를 찾아 데려왔지만 또 사라지는 거야. 나는 수녀들에게 말했어.
"그 아이가 어디로 가는지 쫓아가 보세요."
한 수녀가 뒤를 쫓다가 나무 아래에서 그 아이를 찾아냈어. 아이는 어머니와 함께 있었지. 어머니는 쓰레기 더미에서 주워 온 무언가로 음식을 만들고 있었어. 나는 그 소식을 전해 듣고 생각에 잠겼어. 아이가 한 말이 떠올랐단다.
"여긴 우리 집이 아니에요. 난 우리 집에 가고 싶어요!"
'고아의 집'에서는 아이들에게 최선을 다해 좋은 음식과 의복을 주려고 애를 썼어. 하지만 사랑하는 엄마가 있는 자기 집에 비할 수 있을까! 나는 깨달았단다. 집에는 아무것도 없지만 그 아이는 사랑하는 어머니와 함께할 수 있다는 것을. 가난한 사람들은 많은 것을 바라지 않는단다.

웃음을 배우려면 찰리 채플린에게!

유머가 있기에 인생도 비교적 가볍게 헤쳐 나갈 수 있다.

-찰리 채플린-

채플린은 어떻게 웃음을 만들어 낼까?

어떤 개그맨이 10분 이상 쉬지 않고 사람들을 웃길 수 있을까?

평범한 재주로는 쉽지 않을걸. 그런데 찰리 채플린은 그렇게 했단다. 채플린의 영화를 상영하고 나면 극장 주인들은 의자를 수리하느라 진땀깨나 뺐대. 왜냐고? 부서진 의자를 고치느라 말이야. 관객들이 어찌나 심하게 웃는지 의자가 망가졌다는구나! 그래서 극장 주인들은 영화를 상영하기 전에 의자의 나사못을 조이느라 부산을 떨었대.

실제 있었던 이야기야. 지팡이 없이는 걷지 못하는 사람이 채플린의 영화를 보게 되었어. 그 사람은 영화가 끝날 때까지 줄곧 웃더래. 그러고는 벌떡 일어나더니 뚜벅뚜벅 걸어 나가더란다. 지팡이 짚는 것도 잊고 말이야. 웃음이 그 사람의 병을 낫게 한 건 아닐까? 아무튼 웃음은 몸과 마음의 건강을 위해 좋은 건 사실이잖아.

채플린의 영화는 여러 번 보아도 어김없이 웃음이 터져 나와.

"그 장면을 수없이 보았는데도 볼 때마다 웃음이 나와! 왜 그럴까?"

"그러게 말이야."

게다가 영화 속 '떠돌이 찰리'는 20년 동안이나 똑같은 복장을 하고 영화에 등장하잖아! 대체 채플린은 어떻게 웃음을 만들어 낸 걸까?

영화 「키드」를 보자꾸나.

가난한 엄마가 자신의 아기를 고급 승용차 안에 버렸어. 부자 부모를 만나 잘 살아 주길 바라고 말이야. 그런데 도둑들이 승용차에 아이가 있는 줄도 모르고 승용차를 훔쳤지 뭐야. 아이를 발견한 도둑들은 아기를 쓰레기통 옆에 버렸어. 그때 떠돌이로 분장한 찰리 채플린이 등장해. 허름한 옷차림에 큰 구두를 신고 뒤뚱뒤뚱 걸었지. 누가 봐도 이 떠돌이가 아기를 키울 능력은 안돼 보여.

하지만 떠돌이 찰리는 아기를 안고 집으로 갔어. 아기는 쑥쑥 자라 소년이 되었지. 떠돌이 찰리와 소년은 가난하지만 사랑하며 행복하게 살아가. 하지만 하루하루 끼니를 잇는 게 문제였어. 무척이나 가난했거든. 두 사람은 떠돌아다니며 깨진 유리를 갈아 주는 일을 시작했어. 하지만 이런 일거리가 항상 있는 건 아니었어. 두 사람은 기발한 작전을 짰단다. 먼저 소년이 돌팔매질을 하여 유리창을 깨는 거야.

"쨍그랑!"

이때 떠돌이 찰리가 시치미를 뚝 떼고 뒤뚱뒤뚱 오리걸음으로 길거리에 나타나. 아무것도 모르는 주인은 지나가는 떠돌이 찰리를 불러. 깨진 유리를 갈아 달라고 말이야. 하지만 이런 속임수는 곧 경찰관에게 들통이 나고 말아. 급기야 경찰이 소년을 데려가려고 하자 찰리는 끈질기게 소년을 되찾으려고 안간힘을 써. 결국은 소년을 되찾는 데 성공하지.

관객들은 떠돌이 찰리가 펼치는 몸 개그에 손뼉을 치며 웃었어.

"깔깔깔!"

신문 기자가 채플린을 인터뷰한 이야기야.

"채플린 씨, 당신은 사람들을 웃기는 게 어렵진 않나요?"

"아니요, 쉬운걸요."

"그럼 웃음을 만드는 특별한 비결이라도 있나요?"

"주위 사람을 자세히 관찰하다 보면 웃길 만한 아이디어를 많이 얻을 수 있습니다."

채플린은 언제나 어디서나 사람들을 유심히 관찰했어. 우스꽝스러운 사람의 걸음걸이와 표정이 있으면 기억해 두었다가 흉내 내 보았지. 채플린은 그 사람의 몸짓과 표정이 나올 때까지 수백 번이고 연습했단다. 이처럼 채플린은 죽을 때까지 인간 연구에 열정을 쏟았어. 어린 시절의 찰리 채플린을 보면 잘 이해할 수 있을 거야.

모자가 바람에 날아가는 것만으로는 우습지 않아요.
우스운 건 모자 주인이 바람에 머리카락을 날리면서
뒤쫓아 달리는 모습이죠.
한 남자가 거리를 거닌다고 우습진 않잖아요.
그 남자가 어이없는 일을 당하면
우스꽝스럽죠.

가난이 슬프다고?
봐, 이렇게 웃을 수 있잖아?

다섯 살, 채플린은 마음이 조마조마했어. 그날도 채플린은 무대 뒤쪽에서 엄마가 부르는 노래를 듣고 있었던 거야.

'엄마 목소리가 또 갈라졌어. 큰일 났네!'

저번에도 갈라진 목소리 때문에 엄마는 무대에서 쫓겨난 적이 있었거든. 엄마의 맑은 목소리가 왜 변한 걸까? 채플린은 발을 동동 구르며 엄마를 바라보았어. 엄마는 어린 채플린을 늘 극장에 데리고 다녔지. 채플린은 가수나 배우들을 흉내 내며 무대 뒤에서 시간을 보냈어.

'엄마, 제발 힘내세요.'

그런 간절한 바람도 소용이 없었어.

"그따위 노래는 집어치워!"

화가 난 손님들은 과일이며 깔고 앉은 방석이며 닥치는 대로 무대를 향해 던지지 뭐야.

"다른 가수를 부르든지 돈을 돌려줘!"

엄마는 하는 수 없이 무대 밖으로 쫓겨났어. 그러자 극장 감독이 엄마한테 심한 말을 퍼부었지. 손님들에게 입장료를 물어 줘야 할 판이기 때문이야.

"약속한 시간을 다 채워야 할 거 아니야. 돈은 한 푼도 줄 수 없어."

무대 감독은 갈팡질팡했어. 어서 빨리 화가 난 손님들을 달래야 할 상황이야.

"이 상황에 어떻게 노래하란 말이에요?"

엄마도 화가 났어. 이때, 무대 감독 눈에 어린 채플린이 들어왔어. 무대 감독은 채플린에게 다가가 말했어.

"채플린, 예전에 엄마 친구들 앞에서 부른 노래 있잖아? 참 잘하더구나. 손님들한테도 한번 보여 주렴."

"네에?"

채플린은 감독에게 안겨서 무대로 나갔어. 그리고 무대 한가운데 오도카니 섰어.

어느새 **나 혼자** 무대에 남게 되었다.

나는 눈 부신 **스포트라이트**를 받으면서

담배 연기가 자욱한 객석의 **많은 얼굴들 앞에서**

내 리듬에 맞춘 오케스트라의 반주로

노래 부르기 시작했다.

채플린은 춤을 추며 노래를 불렀어. 그런데 무대 위로 빗발치듯 동전이 날아오지 않겠어! 채플린은 바닥에 떨어진 돈을 누가 주워 갈까 봐 걱정이 되었단다.

채플린은 속으로 생각했어.

'저 돈이면 엄마를 기쁘게 할 수 있을 거야.'

채플린은 노래를 멈추고 말했어.

"잠깐만요. 동전을 줍고 노래할게요."

손님들이 껄껄껄 웃었어. 무대 감독이 공연을 서두르기 위해 동전 줍는 것을 거들자, 채플린이 눈을 흘겼단다. 감독이 그 돈을 가져갈까 봐서 말이야. 사람들은 그 표정을 보고 더욱더 자지러지게 웃었어.

"하하하, 귀여운 꼬마로구나!"

채플린은 무대 감독이 동전을 엄마에게 잘 전해 주는 것을 확인한 뒤에야 노래를 다시 불렀지. 그리고 한 곡을 더 불렀어. 엄마가 무대에서 보여 준 모습과 똑같이 춤추면서 노래를 불렀단다.

라일리, 라일리, 그이는 나를 **속이는** 사람

라일리, 라일리. 그이는 나에게 **없어서는 안 될** 사람

채플린은 공연을 무사히 마쳤어. 무대 감독은 엄마가 받던 급료보다 더 많은 돈을 채플린에게 주었단다. 그러나 채플린의 첫 무대가 엄마에게는 마지막 무대가 되었어. 엄마는 그 뒤로 영영 무대에 서지 못했단다.

그러자 생활이 어려워졌어. 채플린은 아버지와 헤어진 상태였는데, 아버지가 보내는 양육비마저 뚝 끊긴 상황이었거든. 채플린의 엄마는 음식을 사기 위해 하는 수 없이 옷과 신발을 하나씩 팔았어. 음식을 조리하기 위해 필요한 풍로마저 내다 팔았구나! 심지어 신발이 하나

밖에 없어 채플린은 엄마 신발을 신고 빈민 구호소에 가서 죽을 얻어 와야 했단다.

엄마는 정신병을 앓고 있었어. 의사 말로는 영양실조 때문에 얻은 병이래. 엄마는 늘 침대에 누워 있어야만 했지. 기운이 나고 기분이 좋아지면 채플린에게 책을 읽어 주거나 이야기를 들려주었어. 엄마는 사소한 이야기를 할 적에도 무대에 선 배우처럼 몸짓과 표정을 넣어 말했지.

"폐하, 이 일은 저에게 맡겨 주시옵소서. 제가 폐하보다 키가 높습니다."

"뭐, 높다고? 키가 크다고 해야지."

엄마는 재미있는 표정을 지으며 채플린에게 팬터마임을 보여 줬어. 엄마는 가수이면서 팬터마임 배우였단다. 말 한 마디 없이 손과 눈과 얼굴 표정 등으로만 느낌을 전달하는 게 팬터마임이야.

엄마는 몇 시간이고 창가에 서서 거리를 오가는 사람들을 관찰했어. 그런데 그냥 보는 게 아니었지. 지나가는 사람들의 우스꽝스러운 몸짓과 표정을 흉내 내며 말이야.

채플린은 웃느라 배고픔도 잊을 수 있었어.

"깔깔깔."

채플린의 웃음소리가 밖으로 퍼져 나갔어.

그날도 엄마는 창밖을 바라보고 있었어.

"채플린, 스미스 씨가 화가 난 모양이야. 아내와 싸웠나 보지. 틀림없이 밥도 안 먹었을 거야."

"어떻게 아세요?"

"걸음걸이만 봐도 알 수 있지. 스미스 씨가 빵집으로 들어가잖니!"

"정말이네!"

　채플린은 엄마가 귀신같이 알아맞히는 게 신기했어. 엄마의 관찰력은 대단했지.
　채플린도 사람들의 행동을 흉내 내었어. 뤼미 아저씨가 한쪽 발을 질질 끌면서 걸어가고 있는 모습을 흉내 내었지. 발끝을 밖으로 향해 걷는 모습이 마치 오리걸음을 닮았어. 채플린은 걸음걸이가 몸에 밸 때까지 연습한 뒤에 엄마에게 보여 드렸단다.
　"엄마, 뤼미 아저씨 걸음걸이랑 비슷하지?"

엄마는 금방이라도 터지려는 웃음을 꾹 눌러 참으면서, "채플린, 남의 불행을 웃음거리로 만드는 건 잔인한 짓이야."라고 한마디 하셨어. 그러나 더는 웃음을 참을 수 없었던지 손으로 입을 틀어막았어. 하지만 웃음이 빵 터져 버렸지 뭐야.

"호호호."

훗날 채플린의 걸음걸이는 아주 유명해졌어. '떠돌이 찰리'로 이름을 날려 희극 배우로 유명해진 데에는 이 걸음걸이가 큰 몫을 했지. 채플린이 뒤뚱거리며 걸으면 누구든지 웃음을 터뜨렸으니까!

사람들이 웃음을 터뜨리면

나는 '잘해 냈구나!' 하고 생각합니다.

떠돌이 찰리는 어떻게 만들어졌을까?

엄마의 병이 회복되자, 세 식구는 함께 살았어. 세 식구란 엄마와 채플린, 형 시드니를 말해. 비록 가난한 살림살이였지만 너무나 행복했어. 채플린이 배우가 될 자질이 있다는 것을 알기 때문에, 엄마는 재주를 키워 주고 싶었단다.

어느 날 꾸깃꾸깃한 종이를 펼치며 엄마가 말했단다.

"채플린, 들어 보렴."

그것은 엄마가 가판대에 있는 신문에서 외워 온 희극 대본이었어. 신문은 돈이 없어 살 수 없었으니까. 엄마는 무대에 선 것처럼 몸짓을 해 가며 대사를 읽었어.

엄마는 채플린에게 훌륭한 선생님이었어. 채플린은 자신이 희극 배우로 성공할 수 있었던 것은 어머니 덕분이라고 말했단다.

채플린은 엄마한테 손짓과 얼굴 표정만으로 느낌을 표현하는 방법과 사람을 연구하는 법을 배웠어.

채플린도 엄마처럼 따라 해 보았어. 자신감이 생기자 반 아이들 앞에서도 해 보았지. 아이들은 교실이 떠나갈 듯이 웃었어.

"하하하."

담임 선생님은 놀라며 채플린에게 물었어.

"금방 한 것을 다른 교실에서도 해 볼 수 있니?"

"그럼요."

채플린은 학교에서 유명한 스타가 되었어. 아이들과 선생님이 관심을 쏟자 공부도 흥미가 생겨 열심히 했지. 하지만 가정 형편이 어려워 학교에 더 이상 다니지 못했단다. 채플린은 학교를 그만두고 돈을 벌어야 했어. 인쇄소에서 일하거나 가게 심부름 일을 했지.

채플린은 틈만 나면 극단 사무실로 달려갔어. 구두에 광을 내고, 옷에 솔질을 하고, 옷깃은 깔끔하게 다듬고 말이야.

"오로지 희극 배우가 되고 싶었다."

채플린은 위대한 꿈을 꾸고 있었어. 이 꿈 때문에 어려운 환경에서도 꿋꿋하게 일어섰던 거야. 노력 끝에 채플린은 카노 극단이라는 곳에서 희극 배우로 차츰 이름을 알렸어. 카노 극단은 음악을 곁들인 짧은 희극을 공연했단다.

 카노 극단은 미국 뉴욕으로 해외 공연을 떠나게 되었어. 미국에 건너간 채플린은 차츰 연극배우로 이름을 알렸단다. 영화에 출연해 달라는 제안까지 받았지. 그 당시 미국은 한창 영화를 제작하는 데 열을 올리던 때였단다. 채플린은 좋은 기회라 여기고 흔쾌히 받아들였어.

 채플린은 의욕에 넘쳐 있었지. 그래서 머릿속에 굴러다니는 재밌는 아이디어를 쏟아 내어 열심히 연기를 했단다. 그런데 나중에 보니 그 장면들이 다 잘려 있는 거야! 감독이 일부러 필름을 쓰레기통에 버렸다는구나. 그 감독은 관객을 웃기는 데는 배우의 개성은 필요 없고, 기계적인 효과와 편집 기술만 있으면 된다고 입버릇처럼 말하던 사람이었어. 채플린은 화가 났지만 감독이 하는 대로 지켜볼 수밖에 없었단다.

 어느 날, 채플린은 영화를 따분하게 구경하고 있었어. 그런데 마침 영화사 주인인 세네트가 들어오는 거야. 세네트는 영화 촬영 장면을 보더니 채플린에게 손짓하며 말했어.

 "어이, 채플린! 여기에 개그가 들어가면 좋겠어. 무엇이든지 좋으니 우스꽝스러운 차림을 하고 나와 보게."

 채플린은 무작정 분장실로 갔어. 기막힌 아이디어가 떠올랐거든. 채플린의 머릿속은 아이디어들로 꽉 차 있었으니까.

이윽고 채플린은 분장실을 나왔어. 헐렁한 바지에다 꽉 끼는 상의, 찌그러진 모자에 짧은 콧수염을 달고서. 게다가 지팡이를 휙휙 휘두르며 큼지막한 구두를 신은 채 오리처럼 되뚱되뚱 걸으면서 말이야.

"하하하."

영화사 주인 세네트가 웃음을 터뜨렸어. 커다란 몸을 부들부들 떨며 웃고 또 웃었지. 세네트는 겨우 웃음을 멈추고 말했어.

"채플린, 이 복장 그대로 입고 촬영하자구."

유명한 '떠돌이 찰리'가 탄생하는 순간이야. 그 뒤로 떠돌이 찰리는 채플린의 영화마다 단골 주인공으로 등장하였어. 무려 20년 동안이나 똑같은 복장에 똑같은 분장을 하고 말이야.

'떠돌이 찰리'는 우연히 떠돌이를 본 뒤

머리에 떠오른 인물입니다.

떠돌이 찰리

모자
동그랗고 머리에 꽉 끼는 모자, 보기만 해도 우스워요.

콧수염
찰리는 곤란할 때 이 콧수염을 쫑긋쫑긋 움직여요.

저고리
몸에 꼭 맞는 옷 때문에 우스꽝스럽죠.

걸음걸이
오리처럼 뒤뚱뒤뚱 걷는 걸음걸이는 찰리의 전매특허.

지팡이
찰리는 지팡이를 휙휙 휘두르며 걷곤 하죠.

바지
질질 끌릴 듯한 헐렁한 바지, 주머니에 손을 넣고!

구두
크고 낡은 구두, 영화에서 삶아 먹기도 했어요!

떠돌이 찰리는 대체 어떤 사람일까? 그는 가난하고, 초라하고, 겁 많은 사람이야. 늘 먹을 게 없어 배고파하지. 하지만 일이 잘 안 풀려도 오뚝이처럼 벌떡 일어나서, 어깨를 으쓱해 보이며 발걸음을 돌릴 뿐이야. 관객들은 찰리의 슬픈 표정과 어울리지 않는 우스꽝스러운 모습을 보고 더욱 자지러지게 웃었어.

"떠돌이 찰리는 마치 우리 처지와 비슷해."

당시 미국은 경제 공황이 일어나서 많은 사람들이 하루아침에 직장에서 쫓겨나 거리로 내몰렸어. 사람들은 하루하루 먹고살아 가는 데 어려움을 겪었지. 떠돌이 찰리처럼! 사람들이 채플린 영화를 좋아한 까닭은 거기에 있어. 떠돌이 찰리가 자기들의 처지를 잘 이해해 주기 때문이야.

영화 「황금광 시대」를 보면 떠돌이 찰리가 너무 배가 고파 구두를 삶아 먹는 장면이 나와. 찰리는 구두가 맛있는 닭고기라도 되는 듯 구두창 못을 집어 먹고, 스파게티라도 먹는 양 구두끈을 먹어.

"가죽 구두를 어떻게 먹지?"

"정말 먹네!"

사람들은 눈이 휘둥그레졌어.

떠돌이 찰리는 삶은 가죽 구두를 맛있게 먹었어. 게다가 함께 등장한 사람은 떠돌이 찰리를 닭으로 착각하고 잡아먹으려고 달려들었어.

오죽 배가 고팠으면 그랬을까! 사람들은 배꼽을 잡고 웃었어.

그런데 사람들이 채플린의 영화를 보는 것은 단지 재미있기 때문일까? 채플린은 사람들을 웃기는 재주도 있었지만, 사람들을 엄숙하고 진지하게 만드는 재주도 있었단다. 과연 무엇일까?

어린이들이 많이 웃어 줄까?

채플린은 영화를 만들기 위해서 수많은 책을 읽고 연구했어. 채플린이 멋진 작품을 만들 수 있었던 바탕이 되었지. 만약 채플린이 이런 노력 없이 마구 영화를 찍었다면 어땠을까? 내용은 없고 요란하기만 한 희극 영화가 나왔을걸.

내가 책을 읽는 까닭은 지식을 사랑해서가 아니다.
모르면 멸시를 받기 때문에,
나를 지키기 위해서 그랬을 뿐이다.

채플린은 배우, 감독, 극본 작가, 작곡가 노릇까지 하며 작품을 자기 혼자 다 만들다시피 했어. 채플린은 아주 유명해졌지. 할리우드의 아카데미 특별상과 베니스 영화제의 금사자상 등 많은 상을 휩쓸었어. 프랑스 영화 비평가 협회는 노벨 평화상 후보로 추천하기도 했어. 영국의 옥스퍼드 대학에서는 명예박사 학위까지 받았어.

영화를 만든 지 2년 후, 프랑스의 어떤 평론가는 이렇게 말했단다.

"채플린은 세계에서 가장 유명한 인물이다. 채플린과 어깨를 나란히 할 수 있는 사람은 그리스도와 나폴레옹 말고는 없다."

과장된 표현이지만 사람들이 채플린에게 온통 혼을 빼앗긴 것은 사실이야.

"나, 채플린 인형 샀다."

"나도 벌써 샀는걸."

채플린을 모델로 한 인형은 만들기 무섭게 팔렸어. 마치 오리가 걷는 것 같은 채플린의 걸음걸이도 유명해졌지. 가장무도회에서는 10명 중 9명 정도가 채플린 분장을 하고 등장했다는구나!

"어때? 채플린 닮지 않았어?"

"다 비슷한데 걸음걸이가 아닌걸. 나는 어때?"

"와, 비슷한데!"

사람들은 유쾌하게 웃으며 채플린을 흉내 내는 데 열을 올렸어.

인기가 솟자 채플린은 걱정이 되었어. 대중의 인기는 한순간에 시들지 모른다고 생각했거든. 채플린은 극장에 영화를 걸기 전에 관객의 반응을 꼭 살폈어.

'이 장면에서 웃음이 터져 나와야 하는데.'

특히 어린이들의 반응을 중요하게 여겼어. 채플린은 아이들을 즐겁게 하는 게 가장 어렵다고 했지. 채플린은 사람들이 웃어야 할 곳에서 웃지 않으면 걱정이 되었어.

"어쩌지? 필름을 버려야겠어."

"그동안 들인 시간과 돈이 아깝잖아?"

"그렇다고 영화를 망칠 수야 없지. 웃길 때까지 다시 만들겠어."

이렇게 하다 보니 다시 촬영하는 일이 많아졌어. 채플린은 자신의 마음에 들 때까지 다시 촬영하는 감독으로 유명했단다. 어른들이 웃는다 해도 어린이들이 웃지 않으면 필름을 버리고 다시 촬영할 정도였으니까.

웃음 뒤에 숨겨진 것은 무엇일까?

채플린이 만들고 연기한 「모던 타임스」를 보았는지 모르겠구나. 떠돌이 찰리는 공장에서 스패너로 나사를 조이는 일을 맡았어. 그런데 오랫동안 공장에서 일하다 보니 신경 쇠약에 걸렸지 뭐야. 여느 날처럼 찰리는 나사못을 조이다가 거대한 기계에 빨려 들어가고 말았어. 기계 안의 톱니바퀴 속에서 허우적거리다가 빠져나왔지만 동그란 모양만 보면 스패너를 갖다 댔어. 그러는 바람에 큰 소동이 벌어졌지.

이 영화는 인간을 기계처럼 다루고 있는 현대 사회를 비꼬았어. 물론 사람들의 웃음을 끌어내는 장치는 다 들어 있지. 너무 우스워서 처음부터 끝까지 웃음이 끊일 새가 없으니까. 하지만 단순한 웃음만으로 끝나지는 않아.

채플린이 웃음 속에서 끌어내리고 했던 것은 무엇일까? 영화감독 채플린은 사람들에게 알리고 싶었어. 정의롭지 못한 사회와 부도덕한 권력자를 똑똑히 보라고 말이야. 또한 전쟁으로 많은 사람들을 죽인 독재자의 파렴치한 모습을 고발했어. 히틀러를 고발하는 영화「독재자」를 보면 알 수 있지.

사람들은 채플린의 영화를 보며 웃다가도 깊은 생각에 잠겨. 영화 속에서 귀중한 깨달음을 얻기 때문일 거야.

영화 속 떠돌이 찰리가 이렇게 말하는 것 같아.

"나의 우스꽝스럽고 바보 같은 행동을 보고 실컷 웃어라. 하지만 그 웃음 속에서 세상을 바라보는 통찰력과 비판 정신을 가져라."

1977년, 수많은 작품을 남기고 채플린은 88살로 세상을 떠났어.

이 험한 세상에서 영원한 것은 없다.
고민도 마찬가지다.

찰리 채플린

1889년 재능 있는 가수이자 연예인이었던 부모에게서 태어났다.

1895년 엄마가 정신 착란 증세로 정신 병원에 입원하면서 형 시드니와 찰리는 보호 시설에 맡겨졌다. 학교를 다녔지만 곧 그만두었고, 구호소를 들락거리며 어린 시절을 보냈다.

1913년 키스턴 영화사와 계약을 맺고 영화를 찍기 시작하였다. 독특한 의상과 분장을 한 '떠돌이 찰리'라는 인물을 만들었다.

1914년 직접 영화를 찍으며 자신만의 영화 세계를 만들기 시작하였다.

1921년 자신이 만든 첫 장편 영화 「키드」를 개봉했다.

1936년 「모던 타임스」를 만들었다.

1940년 「위대한 독재자」로 전쟁을 반대하는 평화주의자라는 것을 보여 주었다.

1977년 88세로 세상을 떠났다.

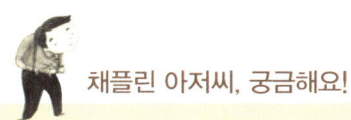 채플린 아저씨, 궁금해요!

🎤 채플린 아저씨, 저는 아람이라고 해요. 학교에서는 개그맨으로 통하죠. 남을 웃기기 위해서는 많은 노력을 해야 하는 것 같아요. 아이들을 웃기려고 몸 개그도 틈틈이 연습하고, 우스운 이야기도 잘 기억해 두었다 써먹어요. 어떻게 하면 아저씨처럼 잘 웃길 수 있을까요?

「소방관」이라는 영화가 있어. 소방관이 허겁지겁 불을 끄려고 탱크 마개를 틀었어. 그런데 커피가 쏟아져 나오는 거야. 「개의 생활」에서는 개 꼬리가 북을 계속 두드리는 장면이 나와. 「모던 타임스」에서는 자동 식사기가 고장 나자, 입 닦는 장치가 입을 마구 때리는 장면이 나오지. 1940년 제작한 「독재자」도 그래. 독재자 힌켈이 편지지를 봉하기 위해 옆에 서 있는 사관한테 봉투 가장자리를 핥게 해. 이 장면에서 사람들은 모두 웃음을 터뜨려. 잘 보렴. 사람들이 상식적으로 생각하는 개념이 깨질 때 웃음이 터진다는 것을 알게 될 거야. 소방차가 커피 메이커가 아니고, 개 꼬리가 막대기가 아니며, 입 닦는 장치가 입을 때리는 것이 아니잖니!

철학자 쇼펜하우어는 이렇게 말했단다.

"웃음이란 어떤 개념과 현실과의 불일치에서 탄생한다."라고.

이 말은 어떤 일이 본래 갖추고 있어야 할 것이 있는데, 그것과는 전혀 다른 역할을 하거나 기능을 할 때 웃음이 터져 나온다는 말이야. 그리고 웃기려면 사람들을 늘 관찰하고 연구해야 해. 영화 「소방관」은 길을 가다가 소방관이 기둥을 타고 내려오는 장면을 보고 아이디어를 얻었어. 영화 「챔피언」은 권투 경기를 보다가 아이디어가 떠올랐지. 에스컬레이터를 오르내리다가 아이디어가 떠오르기도 했어.

심지어 1년이고 2년이고 아이디어를 찾아 헤맨 적도 있어.

무엇보다 또 연습하고 또 연습하며 제 몸짓이 될 때까지 노력해야 한단다.

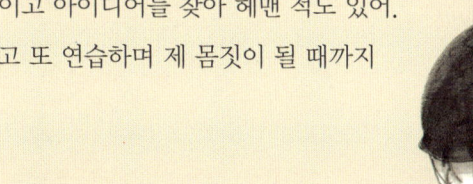

자신감은 어디에서 배웠을까?

'후유, 일은 해도 해도 끝이 없구나!'

정주영은 온종일 일하는 자신이 소가 된 기분이었어. 어찌나 농사일이 고되던지 손바닥이 쩍쩍 갈라지고 피가 나왔단다. 게다가 늘 배가 고팠지.

'농사보다는 공사판에 가서 돈을 버는 게 낫겠어.'

정주영은 집을 떠나기로 결심했어. 이번이 처음은 아니고 네 번째 가출이란다. 전에 가출할 때는 번번이 아버지에게 덜미를 잡혀 고향으로 돌아가야 했지. 하지만 이번엔 소를 판 돈까지 몰래 들고 나왔어. 돈을 벌 때까지는 먹고 자고 해야 하니까.

'아버지, 제가 열 배, 백 배로 갚아 드릴게요.'

정주영은 인천 부두에서 짐 옮기는 일을 했어. 이 일은 몹시 힘에 부쳤지. 합숙소에 돌아오면 신발도 못 벗은 채 잠이 들곤 했거든. 일당은 하루에 50전이었어. 합숙소에 먹고 자는 비용을 주고 나면 고작 20전 정도 남았단다.

'에잇, 이까짓 푼돈을 벌자고 집 떠나 고생인가!'

정주영은 고향으로 다시 돌아갈까 말까 망설이곤 했어.

정주영이 잠을 자는 노동자 합숙소는 빈대가 우글거렸지. 빈대가 뭐냐고? 요즘은 보기가 힘들지만 예전에는 집이나 가축 우리에 많았단다. 사람을 비롯한 동물의 피를 빨아 먹고 사는 곤충이야. 빈대에 물리면 몹시 가려워.

참다못한 일꾼들은 밥상 위에 올라가 자기도 했어. 그래도 빈대가 물어뜯었어. 일꾼들은 빈대에 안 물리고 편히 잘 궁리를 짜야 했어.

"상다리 네 곳을 물 담은 양재기에 담가 놓으면 어떨까?"

"좋은 생각이야. 그렇게 하면 빈대가 상다리를 타고 올라오기 전에 물에 빠져 죽을 거야!"

정주영을 비롯한 일꾼들은 이제 살겠구나 하고 잤어. 하루 이틀은 참 좋았지. 그런데 사흘째 밤부터는 다시 몸이 가려워 죽을 지경이야. 정주영은 도대체 어찌된 일인지 궁금했지.

'이상하네. 빈대가 날개라도 달았나?'

한밤중에 불을 켠 순간 정주영은 입을 다물지 못했어. 빈대들이 벽을 타고 천장으로 기어 올라가고 있지 뭐야! 천장에 붙은 빈대들이 자고 있는 사람들을 향해 몸을 던지고 있었단다.

"아!"

정주영은 놀라 잠이 후닥닥 달아났고말고.

천장에서 사람 몸을 향해 빈대가

툭 떨어지고 있는 게 아닌가!

그때 느낀 소름 끼치는 놀라움을 잊을 수가 없다.

그리고 문득 깨달았어.

'보잘것없는 작은 벌레도 이토록 죽기 살기로 힘을 쏟아 마침내 먹이를 먹는 데 성공하는구나!'

정주영은 부끄러웠어. 일이 힘들고 고되다고, 꿈을 포기하고 고향으로 돌아갈까 생각한 자신이 말이야.

'벌레도 안간힘을 쓰며 사는데 인간인 내가 금세 포기하다니! 죽을 힘을 다해 노력해 보는 거야.'

이 일은 정주영이 자신감을 잃고 흔들릴 때마다 두고두고 힘이 되어 주었어. 악착같이 먹이를 찾는 빈대를 떠올리면 저절로 어깨에 힘이 솟았단다.
 쓰러지지 않고 오뚝이처럼 오뚝오뚝 일어선 정주영의 이야기를 들어 볼래?

손해 본다고 그만둬?

정주영이 인천 막노동꾼 일을 접고 쌀집 점원으로 들어갔을 때야. 어느 날 주인이 왕십리에 있는 자기 집에 쌀 한 가마와 팥 자루를 갖다 놓으래.

'아저씨, 무거운 짐을 싣고 자전거를 그리 잘 타진 못합니다.'

이렇게 말하고 싶었어. 하지만 자전거를 탈 줄 안다고 이미 말했기 때문에 그런 말을 할 수 없었지. 정주영은 배달할 곡식 자루를 자전거에 꽁꽁 묶었어. 수없이 넘어지고 세우기를 반복하면서 왕십리에 도착했단다. 나중에는 비까지 내려 땅도 질척거리고 미끄러웠지. 곡식 자루는 흙 범벅이 되고 말았어. 크게 야단을 맞겠다 걱정했지만 주인 아주머니는 친절하게 맞아 주었단다.

"어서 와요. 비도 오는데 애썼어요."

정주영은 자전거를 새로 배우기로 다짐하고, 선배 배달꾼인 이원제를 찾아갔단다. 당장 자전거로 쌀 배달하는 기술을 가르쳐 달라고 졸랐지.

"형님, 내일 당장 잘 탈 수 있게 가르쳐 주세요!"

"성질 급하기는. 알았다, 알았어. 요령을 가르쳐 주마. 쌀가마는 세워 실어야 해. 눕혀 실으면 균형이 안 잡히거든. 또 쌀가마는 자전거에 꽁꽁 묶어서는 안 돼. 넘어지면 쌀 무게로 인해 자전거도 망가지고 사람도 다치잖아."

"아하!"

정주영은 밤부터 새벽까지 자전거를 연습했어. 사흘 후에는 자전거에 쌀 두 가마를 싣고도 제비처럼 날쌔게 달릴 수 있었단다.

나는 무슨 일이든 내가 하는 일에

최고의 결과를 얻기 위해서,

그 시절 자전거 쌀 배달꾼 연습 때처럼

최선의 노력을 쏟아부으며 살아왔다.

정주영은 쌀가게 점원으로 들어간 지 3년 만에 어엿한 쌀집 사장님이 되었어. 주인은 가게를 게으른 아들에게 물려주지 않고 부지런한 정주영에게 넘겨주었거든. 쌀장사는 제법 잘되었지. 정주영은 정말 기뻤어.

그러던 어느 날, 일본 총독부가 쌀을 못 팔게 했어. 일본이 우리나라를 지배하던 식민지 상황이라 일본이 하라는 대로 해야 했지. 정주영은 눈물을 머금고 가게 문을 닫았단다.

정주영은 새로운 일을 찾으러 돌아다녔어. 그러다가 자동차 수리 서비스가 잘된다는 말을 들었지. 당시에는 몇몇 부자와 높은 관리들만 자동차를 타고 다녔단다.

'자동차를 수리하면 돈벌이가 되겠어.'

정주영은 '아도 서비스'라는 자동차 수리 공장을 세웠어. 사업은 아주 잘되었지. 다른 공장에서 일주일 걸릴 것을 정주영은 이삼일 만에 해 주었거든. 정주영은 많은 돈을 벌었지만, 이 공장도 일본에게 빼앗기고 말았지.

1945년, 드디어 일본에서 벗어나 나라를 되찾았어. 정주영은 미군 부대의 자동차 수리를 도맡았단다.

어느 날, 정주영이 미군 부대에 돈을 받으러 갔다가 자기보다 큰돈을 받는 사람을 보고 깜짝 놀랐어. 그 사람은 미군 부대 건설 일을 맡고 있던 사장이야.

'나는 기껏 3, 4만 원인데 건설업자들은 한 번에 천만 원씩 받아가다니! 건설업에 뛰어들어야겠어.'

이왕 노력이 같다면 큰돈 버는 일을 해야겠다고 정주영은 생각했어. 그런데 가족들이 모두 말리는 거야.

"건설업은 아무나 하는 일이 아니에요."

"왜 안 돼? 견적 넣어 수리하고 돈 받기는 마찬가지지 뭘 그래?"

"사업할 돈은 어디서 나고요?"

하지만 정주영은 자신이 있었어. 자동차 수리 공장 옆에 '현대 토건사' 간판을 달았어. 지금의 현대 건설의 옛 이름이야.

나는 어떤 일을 시작하든지

'반드시 된다'는 확신 90퍼센트에

'되게 할 수 있다'는 자신감 10퍼센트로

완벽한 100퍼센트를 채웠다.

안 될 수도 있다는 회의나 불안은

단 1퍼센트도 끼워 넣지 않았다.

1954년, 정부의 일거리를 처음 맡았어. 우리나라는 6·25 전쟁을 치르느라 많은 건물이 부서져 버렸거든. 정주영이 맡은 일은 부서진 고령교를 다시 잇는 일이야. 하지만 일 년이 지나도록 다리 기둥 하나 세우지 못했어. 전쟁 후라 건설 장비가 거의 없고, 어렵사리 박은 기둥마저 홍수에 쓸려 가 버렸어.

　가장 큰 문제는 물가 폭등이었어. 물가가 120배나 올랐으니! 착공 당시 정한 기름 단가가 7백 환인데 공사가 끝날 무렵에는 4천 5백 환으로 치솟았단다. 갈수록 빚은 늘고 노임도 밀리기 시작했어. 빚쟁이들이 집에 들이닥쳐 도끼로 마루를 쾅쾅 찍으며 소리 지르는 거야.

　"내 돈 내놓지 않으면 한 발짝도 안 나갈 거요!"

　정주영은 빚쟁이들을 달래며, 한편으로는 빚을 얻으러 여기저기 뛰어다녔어.

　"초등학교밖에 안 나온 친구가 알면 얼마나 알겠어?"

　"그러게, 겁도 없이 깝죽대더니만. 쯧쯧."

　사람들이 수군거리는 소리가 귀에 쟁쟁거렸어. 하지만 못 들은 척하고 다른 귀로 흘려버렸어. 오직 공사를 끝내야 한다는 생각뿐이었으니까.

　'도중에 그만두는 건 절대 안 돼.'

　정주영은 결심했어. 사업은 망해도 자신에 대한 신용은 잃고 싶지 않았거든. 급기야 이 공사를 마무리 짓기 위해 집도 팔고 공장도 팔았어. 공사를 끝내고 보니 손해 본 금액이 무려 6천 5백만 환이야. 이때 진 빚을 정주영은 20년 걸려 갚았다는구나.

그럼 정주영에게 남은 것은 빚더미뿐이었을까? 아니야. 사람들은 정주영을 더욱 믿게 되었단다.

'저 사람이라면 맡은 일을 끝까지 해낼 거야.'

이런 믿음 말이야. 정부는 정주영을 믿고 큰 규모의 일을 맡겼어. 경부 고속 도로 공사에 참여하라고 한 거야. 고속 도로 건설이란 참으로 힘이 드는 일이란다. 산이 가로막으면 터널을 뚫고, 물이 가로막으면 다리를 놓아서 곧고 넓은 도로를 만들어야 했지. 시간뿐만 아니라 돈도 엄청 드는 일이야.

하지만 정주영은 자신이 있었어. 공사 현장에 조그마한 간이침대를 가져다 놓더니, 그날부터 직원들과 함께 먹고 자고 일하지 뭐야. 정주영은 직원들에게 지시했어.

"공사 기간을 당깁시다. 그래야만 그만큼의 돈을 벌어요. 단 공사 내용은 충실해야 합니다."

직원들은 말도 되지 않는 일이라고 생각했어. '공사 내용은 충실하게 하면서 기간은 단축하라고? 그게 가능할까?' 하고 말이야. 사람들은 기가 찼어.

정주영은 8백만 달러어치의 중장비 1,400대를 외국에서 들여왔어. 당시로서는 어마어마한 돈이었단다. 정주영의 작전에 따라 직원들은 밤낮을 가리지 않고 열심히 일했지. 그러던 중, 큰 걸림돌을 만났지 뭐야. 소백산맥이 턱 가로막았거든. 소백산맥은 영남 지방과 호남 지방의 경계를 이루는 큰 산맥이야. 경부 고속 도로를 내려면 소백산맥에 터널을 뚫어야 했지.

소백산맥의 당재 계곡에서 20미터쯤 굴을 파 들어가는 순간이었어.

"와르르!"

"벽이 무너졌다! 안에 사람들이 있어!"

일꾼 3명이 죽고 1명이 크게 다쳤어. 바위를 들어내던 일꾼들이 용수철처럼 10여 미터씩 튕겨 나가기도 했어. 무려 13번의 낙반 사고가 일어났단다. 그러자 일꾼들이 슬슬 피하고 도망가 버리는 거야.

정주영은 마음이 급해졌어. 공사 기간은 겨우 두 달밖에 안 남았는데 반밖에 하지 못한 상황이었거든. 정주영이 직원들에게 물었어.

"어떻게든 뚫어야 해요. 방법이 없겠소?"

"회장님, 공사 기간에는 끝내기 어렵습니다. 값비싼 조강 시멘트를 쓰면 몰라도."

"조강 시멘트? 좋소, 당장 씁시다. 손해가 나더라도 끝까지 마무리 지어야죠."

직원들은 깜짝 놀랐어. 조강 시멘트는 다른 시멘트보다 20배나 빨리 굳는 장점이 있지만 값이 엄청 비쌌거든. 정주영은 단양 시멘트 공장에 연락해서 다른 공정을 멈추고 조강 시멘트를 생산하라고 지시했어.

터널 현장에서 단양 시멘트 공장까지는 200킬로미터 거리인데 모든 트럭을 동원하여 수송 작전을 벌였어. 작업하는 인원도 6개조로 늘렸지. 일꾼 5백여 명이 개미처럼 달라붙기를 며칠이나 했을까!

"만세!

마침내 당재 터널 쪽에서 환호성이 터져 나왔어. 3개월이 걸려도 뚫을 수 없다던 터널 공사를 정주영과 현대 건설은 25일 만에 뚫은 거야. 마침내 공사 기간을 7개월이나 당겨 2년 5개월 만에 완공했어.

소백산맥에 당재 터널을 뚫지 못했다면 오늘날 어떻게 되었을까? 당연히 서울과 부산을 오가는 거리가 더 멀고 시간도 더 걸리겠지.

정주영은 조선업에도 도전했는데 과연 성공했을까, 실패했을까? 거기에 얽힌 흥미진진한 이야기가 있단다.

조선소가 없는데 어떻게 배를 만들어?

 어느 날, 정주영은 옷이나 신발 말고 큰 배를 한 대 만들면 수억 달러를 받고 판다는 사실을 알고 놀랐어. 마침 정부에서 조선이나 철강 등 중공업을 키우겠다고 했지. 정주영은 조선업에 뛰어들 좋은 기회라고 여겼어.

 "20만 톤 급 이상의 배를 만들겠소."

 정주영이 장담했어. 20만 톤 급의 배라면 축구 경기장보다 규모가 크단다. 이번에도 정주영이 호언장담을 하자 주위 사람들은 어떻게 나왔을까? 가족과 임원들은 안 된다며 다들 반대를 했어. 가장 큰 이유는 어떻게 그리 큰 배를 만들 수 있느냐는 거야. 하지만 정주영은 이렇게 말했어.

"까짓, 배 만드는 게 뭐 별거요? 도면대로 철판 잘라 붙이고, 내부에 기계와 엔진을 달면 물에 뜰 거 아니오?"

"회장님, 큰 배를 만들 엄청난 돈을 누가 빌려 줍니까? 게다가 조선소도 없는 저희한테 누가 배 주문을 할까요?"

반대가 끝이 없자, 정주영은 자신이 직접 돈도 빌리고 배 주문도 받겠다고 했어.

정주영은 영국 런던으로 날아갔어. 백사장 사진 한 장과 배 설계 도면을 들고 말이야. 영국의 애플도어사의 회장이라면 설비 자금을 영국 은행에서 빌리는 데 도움을 줄 것 같았어. 정주영은 조선소가 들어설 백사장 사진을 보여 주고, 배 설계 도면도 보여 주었지.

"지금은 아무것도 없지만, 이 백사장에 조선소를 짓고 20만 톤 급의 배를 만들 거요. 우리를 믿어 주시오."

애플도어사의 회장이 곤란하다는 듯이 말했어.

"배를 주문한 사람이 아무도 없잖소? 그리고 빌린 돈을 갚을지 의심스럽습니다."

갑자기 정주영이 바지 주머니 안에서 500원짜리 종이돈을 꺼냈어. 당시 500원에는 이순신의 거북선이 그려져 있었지.

1973년 한국은행이 발행한 500원권 속 이순신 장군과 거북선.

"이보시오. 이게 바로 우리나라가 만든 거북선이오. 우리는 1500년대에 이미 철갑선을 만들어 일본을 무찔렀소이다. 우리의 배 만드는 능력은 녹슬지 않았단 말이오."

애플도어사의 회장은 거절하지 못했어. 정주영은 현대가 조선소를 지어 큰 배를 만들 능력이 있다는 추천서를 받은 다음에야 사무실을 떠났지. 추천서를 받은 영국 버클레이즈 은행은 정주영에게 돈을 빌려 줄 수는 있지만, 영국의 수출 보증국이 허락을 해야 한다는 조건을 내걸었어.

영국의 수출 보증국은 사정을 듣고 말했어.

"누군가 당신의 배를 사 주겠다고만 하면 당장 허락하겠소."

정주영은 배를 주문할 사람을 미친 듯이 찾았어. 만나는 사람마다 소나무가 있는 백사장 사진과 배 설계도를 보여 주며 장담했지.

"당신이 우리 배를 사 준다고만 하면, 이 백사장에 조선소를 짓고 배를 만들어 주겠소."

그러나 26만 톤 급의 어마어마한 배를 가난한 나라에 누가 주문할까? 배를 사 줄 사람이 나타났을까? 간절하게 원하면 이루지는 법이란다. 26만 톤 급 유조선 두 척을 사 줄 사람이 척 나타났지 뭐니! 배를 주문한 사람은 그리스 해운업자인 리바노스야. 리바노스는 정주영에게 자신의 비행기를 보내어 스위스 별장으로 오라고 했어. 마침내 리바노스는 계약금으로 우리나라 돈 14억 원을 지불했단다.

우리는 리바노스가 주문한 배 두 척을 만들면서

동시에 방파제를 쌓고, 바다를 준설하고,

안벽을 만들고, 공장을 지었다.

정주영은 마침내 길이 345미터, 높이 27미터의 유조선 두 척을 만들었어. 소나무만 있던 백사장에 조선소를 지으면서 말이야. 이렇게 세계적인 조선소인 '현대 조선소'가 울산에 탄생하였단다.

해 보긴 했어?

자신감은 자신감을 낳아. 원하던 뭔가를 성취하고 나면 자신감이 붙는다는 말이야. 정주영은 26만 톤 급 배가 척척 팔려 나가자 더욱 자신감을 얻었어. 국내에서 벗어나 해외에서 큰돈을 벌고 싶었지.

가장 먼저 선택한 곳이 중동이야. 이란, 사우디아라비아 등 서아시아 국가 중에는 석유로 떼돈을 버는 나라들이 많았어. 1973년 당시 석윳값이 크게 올라 세계 경제가 어려운데도, 중동에는 돈이 몰리고 있었거든.

정주영이 중동의 해외 건설에 참여하자고 하자, 이번에도 반대가 만만치 않았어.

"안 됩니다. 회사 사정이 어려운데 무슨 자금이 있습니까?"

"맞아요. 게다가 수준 높은 외국 건설 회사가 이미 진출해 있는데 어떻게 경쟁합니까?"

하나같이 안 된다고 말렸어. 정주영은 반대만 부르짖는 직원들에게 물었어.

"해 보긴 했어?"

심지어 동생 인영까지 반대하며 나섰어. 그러나 정주영은 중동으로 날아갔어. 어렵사리 사우디아라비아 주베일 항만 공사를 따내는 데 성공했어. 정주영이 싼값으로 만들어 주겠다고 나섰거든. 주베일 항만 공사는 50만 톤 급 유조선 4척이 동시에 정박할 시설을 만드는 일이야. 싼값에 맡기는 사우디아라비아 항만청도 찜찜하긴 했나 봐. 안 좋은 이야기도 정주영에게 들려왔으니까.

정주영은 적게 받고 하는 일이라 손해가 안 나려면, 공사 기간을 줄이는 길밖에 방법이 없다고 생각했어. 정주영은 서둘렀단다.

"재킷을 울산에서 만들어 사우디아라비아로 옮기시오."

재킷이라는 철 구조물은 10층 건물과 비슷해. 재킷 하나의 크기가 가로 18미터, 세로 20미터, 높이 36미터이고 무게는 550톤이나 나가는데 이 재킷이 89개 필요했어. 정주영은 재킷을 만들어 사우디아라비아로 운반하여 조립할 생각이었단다.

"미친 짓이야. 이렇게 큰 구조물을 하나도 아니고, 수십 개를 험한 바다를 통해 옮기다니!"

많은 사람들이 어처구니없다며 정주영을 비웃었어. 울산에서 만든 구조물이 대형 바지선에 실려 사우디아라비아로 향했어. 모두들 배가 무사히 도착할 리 없다고 생각했어. 까닥 잘못하면 거친 풍랑을 만나 배가 뒤집히거나 바다로 떨어질 수도 있거든.

"그러나 나는 눈 하나 깜짝 안 했다.
왜냐하면 무슨 일이 있어도 훌륭하게
공사를 끝낼 작정이었으니까."

재킷을 실은 배가 속속 사우디아라비아에 도착했고, 조립에 들어갔어. 재킷을 설치하기 위해 울산에서 제작한 1,600톤 급의 해상 크레인도 가져다 썼다고 해. 마침내 정주영은 공사 기간을 8개월이나 앞당겼어. 그러자 세계 건설업계 사람들은 입을 쩍 벌리고 말았지.

"한국의 정주영 회장은 한다면 하는 사람이군. 대단해!"

정주영은 해외에서도 인정받았어. 흔히 정주영을 '생각하는 불도저'라고 불러. 자신감이 남달랐고 그 덕분에 늘 큰일을 이루어 냈지.

"못 해요."라고 말하는 사람에게 "해 보긴 했어?"라고 당당히 묻는 정주영. 그 자신감을 배울 만하지 않아?

수많은 일화를 남기고 정주영은 2001년 하늘 나라로 떠났어.

자신감이란,
남들이 'No'라고 할 때,
'Yes'라고 말하는 것이다.

정주영

- 1915년 강원도 통천군에서 태어났다.

- 1935년 네 번째로 가출하여 쌀가게 점원이 되었다.

- 1940년 자동차 수리 공장 '아도 서비스'를 차렸지만 2년 후 일본에게 빼앗겼다.

- 1937년 쌀가게 주인이 되었지만 1년 후에 문을 닫았고, 고향으로 내려가 결혼했다.

- 1946년 현대 자동차 공업사를 차리고, 다음 해 현대 토건사를 세웠다.

- 1955년 큰 손해를 입고 고령교 공사를 마쳤다.

- 1967년 현대 자동차를 세웠다. 소양강 댐 공사를 시작했다.

- 1974년 현대 조선소를 완공했다.

- 1968년 경부 고속 도로 건설을 시작, 세계 고속 도로 건설 사상 가장 짧은 공사 기간으로 완공(1970년)하였다.

- 1976년 사우디아라비아에서 주베일 항만 공사를 따냈다. 현대 자동차에서 최초의 국산 자동차 포니를 생산했다.

- 1998년 두 차례에 걸쳐 소 1,001마리를 이끌고 북한을 방문하였다.

- 2001년 세상을 떠났다.

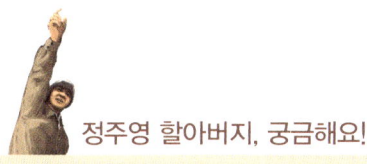
정주영 할아버지, 궁금해요!

🎤 정주영 할아버지! 전 이한아름이라고 해요. 그런데 아이들은 저 보고 땅꼬마라고 놀려요. 키가 매우 작거든요. 엄마 탓도 해 봐요. 엄마의 키가 저랑 비슷하거든요. 그런데 저는 농구를 좋아해서 농구 선수가 꿈이에요. 키 작은 사람이 농구 선수를 꿈꾸다니! 포기해야 할 것 같아요. 제가 꿈을 이루려면 어떻게 해야 할까요?

🧢 한아름아, 이름이 참 예쁘구나! 땅꼬마라고 누가 비웃든지 신경 쓰지 마라. 남에게 신경을 쓰면 쓸수록 자신감이 떨어진단다. 키는 얼마든지 자랄 수 있어. 잘 먹고 운동을 열심히 해 보렴.
엄마 탓을 하면 엄마가 얼마나 속상하겠니? 엄마 마음 아프게 하지 말고, 오히려 키가 작으니까 좋은 점을 생각해 봐. 키가 작으니까 농구할 때 남보다 몸놀림이 빠르고, 공도 잘 패스할 수 있지 않아?
키가 작다고 하여 농구 선수의 꿈을 저버리는 건 잘못이야. 훌륭한 선수 중에는 키 작은 선수들도 있거든. 한아름아! 이렇게 되묻고 싶구나.
"해 보긴 했어?"
대개의 사람들은 좀 어렵다 싶은 일은 해 보겠다는 시도도 안 해. 미리 겁을 먹고 '안 될 거야. 불가능해.'라고 쉽게 포기해 버려.
나는 사람들이 안 된다고 말리는 것을 된다며 강하게 밀어붙인 사람이야. 고령교 다리 놓는 거, 26만 톤 급 유조선 만드는 거. 주베일 항만 공사 등등.
그러나 모두 이루어 냈어. 그동안 얼마나 많은 시련이 있었겠니!
그건 말로 할 수 없는 가시밭길이었지.
한아름아! 자신을 믿고, 안 된다는 생각은 1퍼센트도 하지 말고 밀어붙여 봐. 그럼 거기서 거대한 힘이 나온단다.
의지가 높으면 높을수록 행운도 저절로 따르는 법이야.

존중하는 마음을 가지려면 제인 구달처럼!

인간만이 품성을 지닌 유일한 동물이 아니라는 것, 다른 동물들도 기쁨과 슬픔과 절망을 경험한다는 것.

- 제인 구달 -

동물 말을 알아들으려면 어떻게 해야 할까?

"동물 말을 잘 알아들을 수 있다면 얼마나 좋을까!"

이런 소원을 빌어 본 적 있니? 그런 친구에게 제인 구달을 소개할 게. 제인 구달이 누구냐고? '침팬지의 엄마'라고 불리는 동물학자야.

"침팬지라면 까무잡잡한 털에, 원숭이처럼 생긴 동물 말이야?"

"응, 외모와 하는 행동이 우리랑 빼닮았어."

동물학자 제인 구달은 오랫동안 침팬지와 함께 지냈어. 무려 50여 년 동안이나 침팬지와 함께 생활하였지. 젊은 시절부터 아프리카 밀림 속으로 들어가 침팬지를 연구했단다.

제인 구달의 자서전을 보면 이런 구절이 나와.

둘리틀 박사의 앵무새 폴리네시아는 "동물의 말을 배우기 위해서는 우리가 '관찰력'을 가지고 있어야 한다."라고 가르쳐 준다.

제인 구달은 말했어.
"동물의 말을 배우기 위해서는 동물들에 대한 자질구레한 것들, 이를테면 어떻게 걷고, 어떻게 머리를 움직이는지, 어떻게 날개를 파닥거리는지, 어떻게 냄새를 맡는지, 어떻게 수염을 씰룩거리는지, 어떻게 꼬리를 흔드는지 알 수 있어야 한다."

그러기 위해서 제인 구달은 생명이 있는 모든 존재를 존중하는 마음이 있어야 한다고 했어. 존중이 뭐냐고? 사람이든 동물이든 귀하게 여기는 마음이야. 예를 들면 어린 동생을 때리면 안 되듯이, 동물도 때리면 안 되는 거야. 또 내 생각이 중요한 만큼 다른 친구의 생각도 중요하다고 생각하는 마음이야.

『둘리틀 선생, 아프리카로 간다』라는 동화책을 읽어 본 적이 있니? 엄마가 불을 끈 다음에도 제인 구달이 몰래 이불 속에 숨어 밤이 새도록 읽었다는 책이야. 그때 제인 구달은 일곱 살이었어. 제인 구달은 끝까지 책을 읽은 뒤에야 잠이 들었대. 제인 구달은 책을 마을 도서관에 돌려주기 전까지 세 번을 읽었어.

동화에 나오는 둘리틀 박사는 의사 선생님이야. 사람들은 둘리틀 박사가 지나갈 때면 칭찬을 아끼지 않았어.

"야아, 선생님이 저기 가시네. 정말 훌륭한 선생님이지."

둘리틀 박사는 동물을 매우 좋아했어. 병원은 항상 동물들로 가득했지. 환자들은 화들짝 놀랐어.

"이키, 무서워!"

사람들은 불만을 터뜨렸어. 고슴도치가 환자 의자에 앉아 있는가 하면, 입 큰 악어가 진료실을 돌아다녔거든. 악어는 나쁜 서커스단에서 둘리틀 박사가 가까스로 구해 낸 거야. 악어는 절대 다른 동물이나 사람을 물지 않겠다고 둘리틀 박사에게 맹세했고, 또 그 약속을 지켰어. 하지만 환자들은 병원을 찾지 않았단다.

"그래도 나는 동물들이 훨씬 좋아."

둘리틀 박사는 동물의 말을 이해하고 그들과 대화를 할 줄 알았단다. 그 재주 덕분에 수의사로 성공했어. 원숭이 치치가 아프리카의 원숭이들이 병들어 죽어 간다며, 둘리틀 박사에게 치료해 달라고 부탁했지. 둘리틀 박사는 망설이지 않고 아프리카로 떠났단다. 원숭이 치치와 앵무새 폴리네시아를 데리고 말이야.

제인 구달도 둘리틀 박사처럼 야생 동물이 사는 아프리카에 가서 살고 싶었어. 야생 동물에 둘러싸여 사는 멋진 일이 일어났으면 좋겠다고 생각했어.

『정글북』과 『타잔』도 제인 구달이 즐겨 본 책이야. 제인 구달은 책의 주인공들인 모글리와 타잔에 푹 빠져 지냈어.

"난 어른이 되면 아프리카로 가서 살 거야."

제인 구달이 입버릇처럼 말하고 다녔기 때문에, 친구들은 제인 구달이 언젠가 반드시 아프리카에 갈 거라고 믿었단다.

제인 구달은 영국 해협에서 멀리 떨어져 있지 않은 버치스에 살았어. 이곳에서 제인 구달은 어린 시절과 청소년기를 보냈지. 버치스에는 커다란 정원과 넓은 잔디밭, 아름드리나무들이 울창하게 자랐어. 거기에는 아이들이 놀 만한 비밀스러운 장소들이 여럿 있었단다.

제인 구달은 '비치'라고 불리는 너도밤나무를 좋아했어.

제인 구달은 비치에 올라가 혼자서 몇 시간이고 앉아 있거나 책을 읽었지. 비치는 제인 구달의 비밀 장소였단다. 외할머니는 이 나무를 제인 구달에게 주셨어. 제인 구달이 얼마나 많은 동물들을 데리고 놀았는지 아니? 느릿느릿 기어 다니는 벌레들까지 모두 친구였단다.

제인 구달은 친구 샐리에게 자랑하는 편지를 보냈어.

"나에게는 애벌레가 꽤 많아. 박각시나방의 애벌레도 있고, 마가목 잎사귀를 먹는 녹색 자벌레도 있는데 고치가 되었어. 들신선나비의 애벌레도 있는데 이건 쐐기풀을 먹어. 쪼그만 노란색 자벌레는 라임을 먹고……."

달팽이 선수단도 있었어. 앨리스, 앤디, 갤리, 조니라는 이름이 붙은 이 달팽이들은 제인 구달의 사랑을 듬뿍 받았단다. 육지 거북 제이콥과 크리스토벨, 북미산 거북 테러핀을 운동시킬 때면 달팽이들도 함께 데려갔어.

제인 구달은 언제나 일찍 일어났어. 학교 가기 전에 동물들에게 먹이를 주고, 씻기고, 운동까지 시키려면 부지런해야 하잖아. 제인 구달이 쓴 일기에는 이런 이야기가 나와.

"새장 문을 열자, 피터가 내 손가락 위에 앉았다! 이 일기를 읽는 사람은 시샘이 날 거야. 하지만 학교에 지각하기 전에 피터를 다시 새장에 넣어야 하는 건 너무 안타까웠어."

1946년, 열두 살이 된 제인 구달은 '악어 클럽'이라는 이름의 자연 활동 모임을 만들었어. 회원 이름은 반드시 동물의 이름을 따서 지어야 했다고 해. 악어 클럽의 창립자인 제인 구달은 '붉은 제독'이라는 이름으로 불렸어. 붉은 제독은 붉은까불나비를 말한단다.

악어 클럽 회원들은 버치스의 비밀 장소에서 축제를 벌이는 등 즐거운 시간을 보냈어. 회원들은 들과 언덕을 누비며 새와 곤충을 관찰했지. 제인 구달은 이 자연 활동을 매우 진지하게 받아들였는데, 혼자서도 바다가 보이는 절벽 주변의 야생 지역을 다녔단다. 악어 클럽 회원의 절반이 동네를 떠나게 되자, 제인 구달은 악어 클럽 소식지를 발행하여 정기적으로 회원들에게 보냈다고 해.

또한 붉은 제독은 회원들을 관리하기 위해 급수를 주었어. 단계에 맞게 시험을 치러 시험에 합격하면 1급으로 승격시켜 주고, 자랑스러운 악어 클럽 배지도 달아 주었지.

붉은 제독이 친구 샐리에게 보낸 편지에 이 이야기가 쓰여 있어.

"잊지 말고 1급 공부를 하기 바랍니다. 1급 시험을 통과하려면 조류 10종, 개 10종, 나무 10종, 나비 또는 나방 5종을 구분할 수 있어야 합니다."

왜 러스티에게 사과했을까?

제인 구달의 어린 시절 추억 중에 빠질 수 없는 것이 있어. 바로 가슴에 하얀 반점이 있는 까만 개 러스티에 대한 추억이야. 러스티는 버치스 옆의 산레모 호텔 매니저들이 키우는 개였단다. 러스티는 제인 구달을 만나기 전까지는 줄곧 테이블 다리에 묶여 지내는 신세였어. 러스티가 얼마나 관심받기 좋아하고 주의력이 뛰어난 개인지를, 제인 구달은 알아챌 수 있었지.

러스티는 매우 영리했어. 제인 구달은 러스티에게 재주를 가르치기로 했어. 코에 과자를 올려놓는 재주인데, 러스티는 금방 배웠단다. 다른 개는 코를 아래로 내리고 과자를 입으로 넣지만 러스티는 달랐어. 러스티는 머리를 약간 위로 쳐들어 공중으로 던져 받아먹는 거야.

"와, 재주가 대단하구나!"

제인 구달이 가르치는 것마다 러스티는 잘 따라 했어. 납작 엎드리기 같은 보통 재주부터 훌라후프 통과하기, 사다리 타기 같은 어려운 묘기도 단번에 소화하지 뭐야. 제인 구달은 러스티가 잘했을 때는 칭찬을 많이 해 주었어. 칭찬만으로 충분한 보상이 되었지.

한번은 러스티가 진흙투성이 발로 문을 닫았어. 당연히 문에는 러스티 발자국이 묻었지. 이것을 본 제인 구달은 화가 나서 소리쳤어.

"러스티, 이 나쁜 개야."

그러자 러스티는 고개를 돌리고 벽 앞에 코를 대고만 있었어. 제인 구달이 말을 걸어도 까딱도 하지 않았지. 러스티는 제인 구달의 관심을 끌고 싶었던 것 같아.

제인 구달은 소중한 친구한테 '나쁜 개'라고 했다는 것을 깨달았어.

"러스티. 내가 잘못했어. 용서해 줘."

제인 구달은 무릎을 꿇고 용서를 빌었어. 그제야 러스티가 고개를

돌리고 제인 구달에게 서서히 다가와 안기지 뭐야!

대부분의 개들은 옷 입는 걸 좋아하진 않지만, 러스티는 달랐어. 제인 구달은 러스티에게 옷을 입혀서 유모차에 싣고 거리를 다녔지. 그때 누군가가 비웃기라도 한다면 러스티는 그 자리를 떠나 버렸단다. 러스티는 자신을 비웃는 것을 무척 싫어했거든.

제인 구달은 훗날 침팬지를 연구하면서 이렇게 말했단다.

> 러스티는 나에게 **동물의 행동**에 대해
>
> 많은 것을 가르쳐 주었다.
>
> 나는 그때 배운 내용들을 평생 **기억**했다.

제인 구달은 늘 러스티를 생각했어. 러스티는 제인 구달에게 마음의 고향이었지. 행여 러스티가 자기를 버렸다고 생각할까 봐 걱정이 되어 영국을 떠난다는 건 생각조차 못 했다고 해.

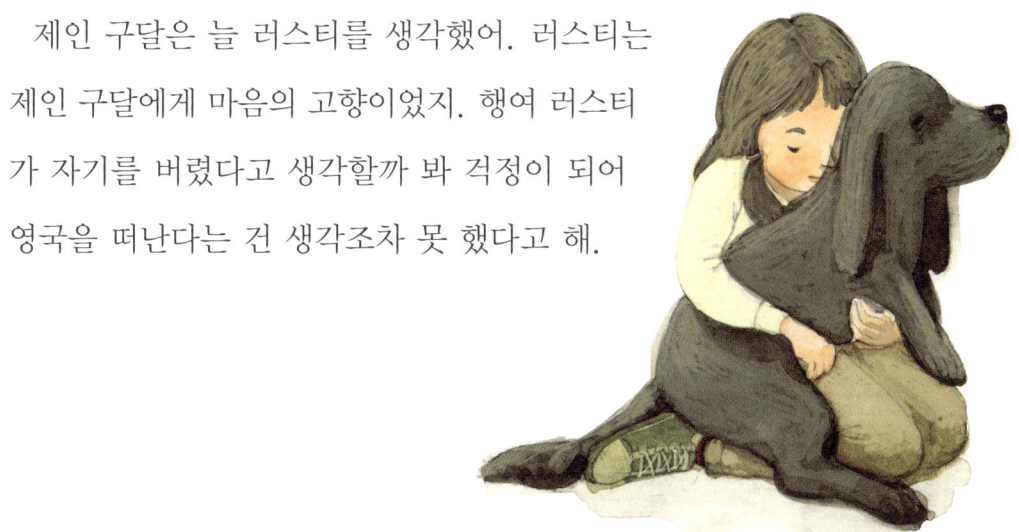

그런데 어느 날 러스티가 차에 치여 죽었어. 그 당시 제인 구달이 겪은 슬픔은 이루 말할 수 없었단다. 가족들은 개 짖는 소리라도 들리면 제인 구달이 슬퍼할까 봐 안절부절못했대!

어느 날, 러스티의 죽음으로 힘겨워하던 제인 구달에게 국제 우편이 도착했어. 소꿉친구 클로가 머나먼 아프리카에서 보낸 편지였단다.

"제인, 케냐로 놀러 올래? 우리 아버지가 케냐 나이로비 교외의 한 구릉지에 농장을 사셨단다."

제인은 정말 놀랐어. 그렇게 꿈에 그리던 아프리카에 갈 수 있다니!

제인 구달은 당장 답장을 보냈어.

"물론 가고말고!"

제인 구달은 언젠가 아프리카로 가서 야생 동물과 살겠다는 꿈을 항상 품고 있었지만, 문제는 돈이었어. 제인 구달은 보수가 많은 일을 찾아야 했지. 편지를 받은 그날부터 뼈가 으스러지도록 일했어. 대가로 받은 주급과 팁을 응접실 카펫 귀퉁이 아래에 차곡차곡 쌓아 두었지. 네 달이 되자 아프리카 왕복 여비를 마련할 수 있었단다. 제인 구달은 아프리카로 떠나는 배에 몸을 실었어.

곰베 숲에서는 무슨 일이 일어났을까?

 제인 구달은 아프리카에 도착하여 친구 클로와 즐거운 하루하루를 보냈어. 하지만 클로의 집에 계속 머물 수는 없다고 생각했지. 동물과 함께 일할 곳을 구하고 싶었지만, 어디서 누구를 찾아 정보를 얻어야 하는지 제인 구달은 알 수 없었단다. 우선 영국계 건축 회사에서 일을 했어.
 어느 날, 어떤 사람이 "동물에 관심이 있다면 루이스 리키를 만나 보세요."라고 말해 주었어.
 루이스 리키는 잘 알려진 고생물학자이며 인류학자야. 당시 그는 코린돈이라는 나이로비의 자연사 박물관의 관장으로 있었지. 제인 구달은 루이스 리키를 만나기로 했어. 루이스 리키는 개인 비서를 구하는 중이었거든. 그때가 1957년 5월이었단다.

그런데 루이스 리키의 부인 메리는 제인 구달을 못마땅하게 여겼어. 젊고 생기발랄한 제인 구달이 남편 옆에 가까이 있는 게 싫었거든. 한번은 메리가 포니 클럽 행사장에서 제인 구달에게 말했어.

"제인, 샌디를 한번 타 볼래요?"

샌디는 겁이 많은 망아지였는데, 사람이 안장에 앉으면 뒷걸음을 치기로 유명했어. 제인 구달에게는 이 사실을 귀띔해 주질 않았지. 아니나 다를까 제인이 타자마자 망아지는 뒷걸음질을 치기 시작했어. 사람들은 깔깔 웃었어.

하지만 제인은 무언가 이상한 점을 느꼈단다.

제인 구달은 구경하는 사람들에게 말했어.

"샌디가 어디 아픈 것 같아요."

제인 구달은 망아지 등에서 내려 안장을 벗겨 보았어. 아니나 다를까 샌디의 등이 벌겋게 부어올라 있는 거야! 등이 딱딱한 안장에 쓸려서 큰 상처가 난 거였어. 사람들은 깜짝 놀랐어. 샌디에게 특이한 버릇이 있는 줄로만 알았지, 등에 상처가 난 줄은 몰랐거든.

이 일 이후부터 메리의 태도가 달라졌어. 제인 구달의 마음 씀씀이를 다시 보게 된 거지.

한편, 루이스 리키는 자연 환경 속에서 살아가는 유인원을 연구할 사람을 찾고 있었어. 특히 탕가니카 곰베 숲은 표범, 독 있는 살모사 같은 야생 동물도 살고 있기 때문에 아무나 보낼 수 없었어. 용감하고 인내심 강한 과학자가 필요했단다.

루이스 리키는 제인 구달을 만나면 늘 침팬지에 대해 이야기했어. 어느 날, 제인 구달은 루이스 리키에게 말했어.

"박사님, 침팬지 연구야말로 제가 진정으로 하고 싶은 일이에요."

"제인, 당신이 그렇게 말해 주길 얼마나 기다렸는지! 왜 그토록 침팬지에 대해 당신에게 자주 이야기했다고 생각하오?"

1960년 7월, 루이스 리키는 결정을 내렸어. 제인 구달을 침팬지가 사는 곰베 숲으로 보내기로 말이야. 제인 구달은 용감하고 끈질기며 누구보다도 동물을 잘 이해하고 있었단다. 침팬지 연구 자금이 모이자, 루이스 리키는 제인 구달을 곰베 숲으로 보냈어.

곰베 숲을 헤매던 어느 날, 턱에 흰 수염을 가진 침팬지가 뭔가를 먹고 있었어. 제인 구달과 불과 3미터 정도의 거리였지. 제인 구달이 쓴 기록이야.

> 데이비드가 잎사귀를 먹고 있었다.
> 나는 데이비드를 쳐다보았다. 데이비드는 계속해서 입을 오물거렸다. 하지만 내 쪽에 정신을 빼앗긴 탓일까. 씹는 것이 상당히 느렸다. 1분이 지나자, 데이비드는 좀 더 낮은 가지로 옮겨 갔다. 그리고는 위쪽 가지를 아래쪽으로 당겨 자기 모습을 가리려 했다. 나는 당황했다. 내가 그 자리에 있는 게 데이비드에게 무례한 행동이라는 생각이 들었다. 그래서 나는 뒤로 물러났다.

제인 구달에게 가장 기억에 남은 침팬지는 누구일까? 흰 수염을 가진 수컷 데이비드야. 데이비드는 제인 구달이 가까이 오는 걸 순순히 허락했단다. 제인 구달은 데이비드가 마치 오랜 친구처럼 느껴졌어. 어느 날, 제인 구달은 데이비드의 뒤를 따라가게 되었어. 하지만 뒤엉킨 덤불에서 빠져나오느라 시간이 걸렸단다.

'어라? 데이비드가 가 버렸구나!'

제인 구달은 그렇게 생각했는데, 데이비드가 물가에 앉아 있는 거야!

"데이비드, 고마워. 나를 기다려 줘서."

제인 구달은 언제나 동물의 눈을 바라보았어. 눈은 마음을 들여다볼 수 있는 창과 같다고 여겼기 때문이야. 대부분의 영장류들은 눈을 뚫어지게 응시하면 자신을 위협하는 것으로 해석해. 그러나 데이비드는 달랐단다. 데이비드는 제인 구달의 시선을 맞받아 보았으니까 말이야.

제인 구달은 데이비드를 비롯한 곰베 침팬지들과 친해지면서 관찰한 것을 꼼꼼히 기록했어. 이 기록은 제인 구달이 이룬 과학적인 성과로 인정받았지.

침팬지가 도구를 사용해 흰개미를 낚시한다는 것, 침팬지도 인간처럼 육식을 한다는 것, 침팬지들끼리 잔인하게 공격하기도 한다는 것, 의사소통을 한다는 것, 신체 접촉을 정말로 좋아한다는 것 등.

이 중에서 가장 인상 깊은 성과는 바로 침팬지들에게 '마음'이 있다는 사실을 알아낸 거야. 침팬지들도 우리 인간과 비슷한 지적 세계에 살고 있다는 걸 알게 된 거지. 사람처럼 침팬지에게도 행복과 불행, 기쁨과 절망, 사랑이나 우정, 죽음의 세계가 있음을 발견했어. 오로지 인간만이 감정을 가지고 이성적 사고를 하는 것이 아니었지.

제인 구달은 침팬지에게 이름을 붙여 주었어.

"이 친구는 성경 속에 나오는 거인 골리앗을 닮았어. 이 친구는 맥그리거 씨라고 부르자. 빡빡 깎은 머리를 한 게 마치 수도원의 수도사처럼 보이잖아! 저 친구는 플로라고 부르고, 데리고 다니는 두 아이는 피피와 피건이라고 하자."

이것은 제인 구달에게 매우 자연스러운 일이었어. 하지만 과학자들은 제인 구달의 행동을 보며 비웃었단다. 왜 그랬을까?

1961년, 제인 구달이 동물 행동학 박사 학위를 얻기 위해 영국 케임브리지 대학에 처음 들어갔을 때야. 동물 행동학자들은 연구 대상에게 이름을 붙여 주는 것이 적절하지 못하다고 제인 구달을 비난했단다. 숫자를 붙이는 것이 더 과학적이라는 거지.

'이런, 말도 안 돼!'

제인 구달은 말문이 막혔어.

'나는 침팬지들이 내 연구 대상이 아니라, 고유한 성격을 가진 하나의 생명체라고 생각했어. 나는 침팬지들을 연구하는 것이 아니라 그들에게서 배우고 있어!'

심지어 케임브리지 대학의 학자들은 침팬지들이 각각 고유한 성격을 갖고 있다는 생각을 버리라고 했어. 이들은 제인 구달이 침팬지들의 성격을 상상으로 지어냈다고 생각한 것이지.

"오직 인간만이 이성적인 사고를 할 수 있어요. 침팬지는 생각할 능력이 없습니다."

과학자들의 이런 편견은 변함이 없었어. 그러나 제인 구달은 자신의 생각을 굽히지 않았단다. 과학자들이 쏟아 내는 비판에도 불구하고 제인 구달은 침팬지에게 이름을 지어 불렀어.
 '동물에게 번호를 매기는 것은 인간만이 성품을 가졌다는 오만한 생각때문이야.'라고 여겼단다.

한국에 처음 갔을 때 길에서 젊은 여성이 내게 다가와
"피피는 어떻게 지내고 있나요?"라고 물었다.
나는 그녀가
"17번 침팬지는 어떻게 지내고 있나요?"라고 물어보는 걸
상상조차 할 수 없다.

침팬지를 의학 실험에 이용하는 것은 정당한가?

제인 구달의 침팬지 연구는 세상에 널리 알려졌어. 여러 학자와 학생들이 곰베 숲으로 찾아와서 제인 구달에게 침팬지 연구하는 방법을 배웠단다. 그래서 탄생한 게 '제인 구달 연구소'야.

제인 구달은 침팬지 연구에 그치지 않고 불행에 빠진 침팬지를 구하는 데도 앞장섰어. 틈만 나면 동물원에 들러서 그레그와르라는 침팬지를 보았단다.

그레그와르는 창백한 낯빛을 하고, 털이 거의 없다시피 한 살갗에, 뼈가 앙상하게 드러나 있었어. 제인 구달은 너무 놀랐어.

'동물원에서 어떻게 46년이나 버텨 왔단 말인가!'

그때 한 학생이 바나나를 손에 들고 그레그와르에게 말했어.

"이 봐, 춤을 춰 봐!"

그러자 우리에 있던 그레그와르는 겨우 일어나 억지로 춤을 췄어. 곧 쓰러질 것만 같았단다. 하지만 그레그와르는 허리를 곧게 펴고 제자리에서 세 바퀴를 돌더니, 북 치듯이 나무 선반을 두드린 뒤에 춤을 마무리했어. 춤을 춘 대가로 그레그와르는 바나나를 받았어.

제인 구달은 그레그와르가 불쌍했어. 제인 구달은 고통받는 침팬지를 돕기 위해 일 년 가운데 300일을 외국에 돌아다니며 강연과 모금 활동을 벌였어. 집에서 머무는 건 고작 3주를 넘지 않았대.

"동물원에 갇힌 침팬지가 몇 년 동안이나 감옥 생활을 하는 사람과 다를 게 뭐 있습니까!"

동물원에 있는 대부분의 침팬지에게서는, 야생 침팬지들이 가지고 있는 조용한 기품이나 평온한 눈빛, 뚜렷한 개성을 찾을 수 없어.

한번은 경찰의 도움으로 고아 침팬지를 극적으로 구해 내었어. 제인 구달이 묶여 있는 끈을 자르자, 고아 침팬지는 제인 구달의 팔을 타고 올라와 목을 꼭 감싸 안았단다. 이 침팬지 이름을 리틀 제이라고 지었지. 제인 구달은 리틀 제이를 잘 돌보아 줄 사람에게 보냈어.

고아 침팬지들이 애원하듯이 내미는 손, 눈빛, 영양 부족에 걸린 불쌍한 몸을 못 본 척할 수 없었다.

실험실에 갇혀 죽기만을 기다리는 침팬지들도 있었어. 보육기라 불리는 작은 상자에 갇혀 있다가 의학 실험에 이용될 날만 기다리는 신세들이었지.

제인 구달은 침팬지가 얼마나 똑똑한지에 대해 설명했어.

"침팬지의 유전자는 사람과 99퍼센트나 같아요. 염색체 수와 혈액 단백질, 면역 반응 등이 인간과 매우 가깝다는 것이 밝혀졌습니다. 이렇게 인간과 가까운 동물을 의학 실험에 이용해도 된다고 생각하세요? 게다가 아프리카 숲에서조차 멸종 위기에 처해 있는 동물이 바로 침팬지입니다."

제인 구달은 동물의 처우 개선에 앞장섰어. 사람들이 먹기 위해 야생 동물을 사냥하거나, 사람들을 즐겁게 하기 위해 학대하거나, 인간의 질병을 연구하는 데 이용하면 안 된다고 주장했지.

제인 구달은 어떤 목적을 위해 침팬지를 계속 이용할 수밖에 없다면, 실험실의 나쁜 상태라도 개선해야 한다고 주장했어.

"침팬지는 실험실에서 존중받는 손님이어야 합니다."

먼저 침팬지의 주거 공간을 확보해야 한다고 요구했어. 또한 갇혀 있는 지루함을 달래기 위한 놀이 장치와 음식들을 침팬지에게 주라고 했어.

"모든 생명체는 존중받을 자격이 있어요. 살아 있는 모든 것을 존중하는 마음을 기릅시다."

제인 구달이 한결같이 마음속에 품은 정신이야. 50년간이나 침팬지와 함께, 침팬지를 위해, 더 나아가 야생 동물들의 처우 개선을 위해 일할 수 있었던 인내와 용기는 이 정신에 바탕을 둔 거야.

생명에 대해 경외감을 갖고 있는 사람이라면
단순히 기도만 하고 있지는 않을 것이다.
그는 생명을 지키기 위해 자신을 모두 버릴 테니까.

제인 구달

- 1934년 영국 런던에서 태어났다.

- 1957년 학교 친구인 클로에게서 편지를 받았다. 클로는 케냐로 자신을 찾아오라고 초대했다. 아프리카로 가려는 마음을 먹었다.

- 1957년 케냐의 항구 도시 몸바사에 도착했고, 2개월 후 루이스 리키 박사의 비서로 채용되었다. 이후 리키는 제인 구달의 평생 후원자 역할을 했다.

- 1960년 어머니와 함께 탄자니아 곰베로 떠났다. 야생 침팬지 연구를 본격적으로 시작했다.

- 1965년 침팬지도 인간처럼 지능이나 개성, 마음을 가진 동물이라는 사실을 밝혀 냈다. 이 연구로 영국의 케임브리지 대학에서 박사 학위를 받았다.

- 1995년 뛰어난 연구, 탐험, 발견을 한 사람에게 주는 내셔널 지오그래픽의 소사이어티 허바드상을 받았다.

- 1977년 곰베에 사는 침팬지들의 미래를 지키고 연구하기 위해 제인 구달 연구소를 설립했다.

- 2001년 간디 킹 비폭력상을 수상했다.

- 2002년 유엔 평화 대사로 임명되어 전 세계를 다니면서 환경 보호와 평화의 중요성을 알렸다.

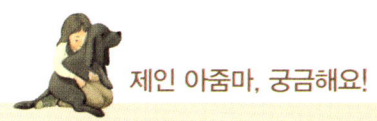
제인 아줌마, 궁금해요!

🎤 제인 구달 아줌마, 저는 인경이에요. 우리 인간들은 함부로 지구를 파괴하고 있어요. 물과 토양, 공기가 오염되고, 숲이 파괴되고, 야생 동식물이 사라지고 있어요. 많은 자원을 마구 소비하고 있어요. 게다가 지구 곳곳에서 전쟁과 질병, 범죄가 끊이질 않고 있잖아요. 이런 어두운 미래에 희망을 걸 수 있을까요? 또한 세상을 변화시키는 데 어린 제가 무엇을 할 수 있을까요?

👤 맞아. 인경아! 우리 앞에는 수많은 문제들이 놓여 있어. 그런데 우리 스스로가 그 문제에 개입하지 않고 팔짱만 끼고 있으면 변화는 일어나지 않는단다. 오염된 강을 청소하고, 나무를 심고, 동물을 살리고, 에너지를 아끼는 등 소매를 걷어붙이고 행동해야 해. 우리가 가장 경계해야 하는 것은 희망을 잃는 거야. 희망이 없다면 우리는 쉽게 포기할 수밖에 없겠지. 그렇게 되면 우리는 변화를 이끌 이유도 찾지 못하게 될 테고, 자신의 역할도 다하지 않게 될 거야. 하지만 우리에겐 바로 그 희망이라는 게 있단다.
우선 생물 종으로서 우리가 이뤄 낸 성과를 보렴. 우리는 수많은 질병에 대한 치료법을 발견했고, 사람을 달에 보내기도 했잖니! 우리는 뇌를 활용하여 자연과 조화롭게 살고, 좋은 사회를 만들 수 있어. 두 번째 희망을 갖는 이유는 자연의 놀라운 회복력이야. 제2차 세계 대전 때 원자 폭탄이 떨어진 일본의 나가사키를 보렴. 과학자들은 최소한 30년 동안은 그곳에 아무것도 자랄 수 없다고 예견했지. 그러나 놀랍게도 푸른 잎은 금방 나왔단다. 세 번째 희망을 갖는 이유는 젊은이들이 굳은 결의를 가지고 변화를 만들어 내기 위해 노력하고 있다는 점이야. 희망을 갖는 마지막 이유는 절대 굴복하지 않는 인간 정신이 있기 때문이야. 나는 이 정신을 바탕으로 기적을 이룬 사람들을 많이 보았단다.
그러니 인경이도 미래에 희망을 품고, 변화를 만들어 낼 수 있는 실천들을 소소한 것부터 찾아보렴.

상상력을 가지려면 미야자키 하야오처럼!

상상력은 나무처럼 자란다.
처음에는 작은 씨앗에 불과하지만
잎이 무성한 거대한 나무로 자란다.

― 미야자키 하야오 ―

하야오는 어떻게 상상력을 가꾸었을까?

"「이웃집 토토로」 봤어?"
"응, 난 백 번 넘게 보았을 거야."
"백 번이나!"

「이웃집 토토로」에 어떤 매력이 있기에 백 번을 넘게 보았을까? 하야오가 만든 「천공의 성 라퓨타」를 수십 번 보았다는 사람들도 많아.

하야오는 만든 애니메이션마다 아름답고 멋진 캐릭터를 탄생시켰어. 상상력 넘치는 캐릭터와 이미지를 볼 때마다 기분이 좋아지고 신이 나. 때로는 뭉클뭉클 감동이 일기도 해. 영화를 보고 난 여운이 마음속에 새록새록 샘솟기 때문이야.

하야오는 상상력 넘치는 그림을 어떻게 생각해 냈을까? 대체 그 상상력의 원천은 어디에서 샘솟는 걸까? 어린 시절 하야오를 만나 보면서 그 실마리를 찾아보자꾸나.

하야오의 아버지는 비행기를 만드는 공장의 공장장이었어. 당시 일본은 전쟁 중이었는데 전투기를 만드느라, 아버지는 밤낮으로 바빴지. 공장에서는 여러 대의 비행기를 만들고 있었어. 아버지는 가끔 어린 하야오를 자신이 일하는 공장에 데리고 갔단다.

하야오는 비행기를 보자마자 가슴이 방망이질 쳤어.

"아빠, 저게 하늘을 쌩쌩 날아요?"

"그럼, 그렇고말고."

하야오는 생각했어. '비행기를 타고 하늘을 난다면 얼마나 신 날까?' 하며 말이야. 하야오는 비행기에 푹 빠졌어. 그 뒤로 하루 종일 비행기를 그리며 놀았단다. 비행기뿐만 아니라 군함이나 탱크도 그렸지.

하야오는 비행기 그림을 오려서 형제들과 갖고 놀았어.

"비행기에 타. 내가 태워 줄게."

하야오는 동화책도 좋아했는데, 『소공녀』, 『비밀의 화원』, 『걸리버 여행기』 등 많은 명작 동화를 읽었어. 물론 만화책도 좋아했어. 하야오는 『사막의 여왕』이라는 만화책에 푹 빠졌는데, 처음부터 끝까지 이 만화를 베껴 그렸단다. 때로는 자기가 생각한 만화를 그리기도 했어.

하야오는 만화를 만들어서 형제들에게 보여 주었어.

"내 만화 어때?"

"재미없던걸. 어떻게 하늘에 성이 떠 있을 수 있어?"

형제들은 하야오가 하는 행동을 잘 이해할 수 없었어. 밖에서 놀지도 않고, 하루 종일 책을 읽거나, 그림을 그리는 게 전부였으니 말이야. 하지만 어린 하야오는 그때가 가장 즐겁고 신이 났지. 이처럼 온종일 상상의 세계에 빠져 있는 '꼬마 공상가'가 하야오였단다.

하야오가 자신의 세계에 푹 빠진 까닭이 또 있어. 하야오의 엄마는 무서운 병을 앓고 있었어. 결핵균이 척추에 들어가 몸을 움직일 수 없었지. 하야오가 여섯 살부터 열다섯 살이 되는 9년 동안 엄마는 입원해 있었단다. 오랫동안 엄마가 없는 집을 상상해 보렴. 간혹 상태가 좋아 집으로 퇴원했어도 엄마는 침대에 누워 지내야 했단다.

엄마가 하야오에게 할 수 있는 일이란 동화책을 읽어 주고, 자신의 어릴 적 추억을 들려주는 거였어.

"엄마가 살던 시골에는 밤마다 반딧불이가 불꽃 축제를 벌였단다. 수많은 반딧불이가 밤을 대낮처럼 밝혔지. 어느 날, 반딧불이를 잡으러 숲으로 갔는데……."

이야기하는 동안 엄마 얼굴은 반짝반짝 빛이 났어. 하나도 아프지 않은 사람처럼 말이야. 하야오는 이야기를 해 줄 때의 엄마 모습이 참

좋았단다.

"엄마, 반딧불이 숲에 꼭 가요."

"그래, 엄마 병이 나으면 가자꾸나."

하야오는 엄마가 들려주는 아름다운 이야기에 흠뻑 빠졌어. 마치 다른 세계로 날아가는 기분이었지. 그러나 엄마는 그 약속을 지키지 못했어. 자연히 하야오 혼자 지내는 시간이 많아졌단다.

하야오는 만화가가 되고 싶었어. 언젠가 자신이 꿈꾸는 상상의 세계를 마음껏 만화 속에 펼쳐 보리라 다짐했단다. 그러려면 먼저 그림 실력을 키워야 했어. 그래서 중학교 때는 미술 선생님에게 그림을 배우러 다녔지. 하지만 원했던 미술 대학은 가지 못했단다. 부모님의 반대가 심했거든.

누가 이 그림을 그렸습니까?

하야오는 대학을 졸업하고 애니메이션을 만드는 회사에 들어갔어. 훌륭한 애니메이터가 되겠다는 꿈을 버릴 수가 없었지. 회사에서「태양의 왕자, 호루스의 대모험」을 만들 때야. 하야오의 머릿속에는 아이디어가 분수처럼 샘솟았어.

"이 장면을 여기에 꼭 넣으면 좋겠어요."

하야오는 윗사람에게 말했어.

"잔말 말고 시키는 대로만 해!"

윗사람은 하야오의 말을 들으려고도 하지 않고 쏘아붙였어. 회사는 날이 갈수록 사람들에게 더 많은 일을 시켰지. 그런데도 쥐꼬리만 한 월급을 주었어. 하야오는 사람들과 함께 노동조합을 만들어 회사에 대항했어.

"함께 뭉쳐 정당한 몫을 받아 냅시다."

하지만 회사는 직원들의 항의에 크게 신경 쓰지 않는 눈치였어. 하야오는 낙담했지만 묵묵히 그림 그리는 일에 열중했지. 당시 회사에서는 「태양의 왕자, 호루스의 대모험」이라는 영화를 만들고 있었는데, 하야오는 작품의 중요한 장면을 떠오르는 대로 그려 보았단다.

'윗사람이 거들떠도 안 보는 그림, 실컷 그려나 보자.'

하야오의 그림 그리는 속도는 아주 빨랐어. 그린 그림을 회사 곳곳에 더덕더덕 붙여 놓았지. 사무실 벽은 물론 사장실에도, 책상에도, 의자에도, 심지어 전화기에도 붙여 놓았단다.

다음 날, 회사가 발칵 뒤집어졌어. 사장은 간부 직원을 불러 물었어.

"누가 이 그림을 그렸습니까?"

"미야자키 하야오 씨가 붙여 놓은 것 같습니다."

사장은 명령했어.

"당장 이 사람을 사장실로 불러오세요!"

간부 직원은 하야오가 사장한테 크게 야단을 맞고 쫓겨나리라 생각했어. 이윽고 하야오가 사장 앞에 불려왔지. 그런데 사장이 느닷없이 악수를 청하지 않겠어.

"하야오 씨, 「태양의 왕자, 호루스의 대모험」을 여러 사람들과 함께 제대로 만들어 보세요. 당신만 믿겠소!"

하야오는 뛸 듯이 기뻤어. 자신의 실력을 인정받은 데다, 쫓겨나지 않아도 되었으니까. 노동조합 사람들은 작품을 만드는 데 온 힘을 쏟았단다.

마침내 「태양의 왕자, 호루스의 대모험」을 완성해 극장에 올렸어. 그런데 어찌된 일인지 영화를 보러 오는 사람이 적지 뭐야. 영화는 며칠 만에 극장에서 간판을 내렸고, 하야오는 회사에서 쫓겨났단다.

하야오는 다른 애니메이션 회사로 들어갔어. 『엄마 찾아 삼만 리』, 『알프스 소녀 하이디』, 『빨강 머리 앤』 등의 명작 동화를 애니메이션으로 만드는 일을 했지. 하야오는 장면 설정과 화면 구성을 맡았어. 「알프스 소녀 하이디」를 그리기 전에는 스위스를 찾기도 했단다. 알프스의 풍광을 제대로 그려 보고 싶었던 거지.

어느 날, 방송국에서 하야오한테 연락이 왔어. 애니메이션을 처음부터 끝까지 책임지고 만들어 달라고 말이야. 이때 탄생한 작품이 「미래 소년 코난」이란다.

「미래 소년 코난」은 방영되자마자 높은 인기를 끌었어. 텔레비전에서 프로그램이 시작할 시간이 되면 주택가 골목길에 아이들이 안 보일 정도였대. 하야오는 「미래 소년 코난」으로 유명해졌어. 그런데 그 뒤에 만든 「루팡 3세 : 칼리오스트로 성」은 흥행에 실패하고 말았단다.

　하야오는 상상력의 곳간이 비어 가는 것을 느꼈어. 회사를 그만두고 휴식을 취하기로 했지. 책도 읽고, 영화도 보면서, 가족과 느긋한 시간을 보냈단다.

　하야오에게는 특이한 습관이 있어. 머릿속에 떠오르는 이야기와 캐릭터를 스케치하거나 메모하는 습관이야. 그래서 늘 스케치북과 연필을 가지고 다녔단다.

　하야오는 오래전부터 용감하고 씩씩한 공주 이야기를 만들고 싶었어. 공주는 평화로운 바람 계곡을 지키기 위해 온 힘을 다 쏟아. 또한 어떤 동물하고도 대화가 통하는 따뜻한 마음씨를 지녔어. 하야오는 만화 잡지인 『아니메쥬』에 공주 이야기를 연재했어. 그게 바로 「바람 계곡의 나우시카」야.

하야오는 나중에 이 만화를 극장용으로 다시 만들었어. 영화는 큰 성공을 거두었지. 하야오는 더욱 자신감이 생겼어. 애니메이션 회사를 세워 본격적으로 극장용 애니메이션을 만들기로 했지. 그렇게 해서 '지브리 스튜디오'라는 회사가 탄생했어. 오늘날까지 지브리 스튜디오에서는 많은 애니메이션 작품이 쏟아져 나오고 있단다.

하야오가 지브리 스튜디오에서 일하는 모습을 잠깐 엿볼까. 하야오는 회사에 가면 먼저 라디오와 스탠드를 켠단다. 어떤 때는 라디오와 스탠드도 안 끄고 집에 간대. 끄고 켜는 시간도 아깝다는구나. 그런 다음 의자 위에 앉아 책상다리를 하고 그림을 그리기 시작해.

"에잇, 빌어먹을 녀석!"

갑자기 큰 소리가 들려. 다름 아닌 하야오의 목소리야. 혼자 입을 헤헤 벌리며 웃기도 해.

"하하하, 악당을 잡으러 가자."

주위 사람들이 놀라느냐고? 아니, 신경을 쓰지 않는단다. 원래 하야오가 그림에 빠지면 늘 그러거든. 등장인물에 흠뻑 빠지다 보니 자신도 모르게 나오는 행동이란다. 그러다가 라디오에서 흘러나오는 노래를 따라 부르기도 하고, 옆에 둔 과자를 입 안 가득 씹기도 해. 날마다 하야오는 잠자는 시간을 빼고 애니메이션 작업에 매달려 있단다.

상상력 넘치는 하야오의 작품들은 지브리 스튜디오를 통해 쏟아져

나왔어. 「천공의 성 라퓨타」, 「마녀 배달부 키키」, 「이웃집 토토로」는 폭발적인 인기를 얻었단다.

「이웃집 토토로」는 대부분 보았을 거야. 어린 두 자매 사츠키와 메이가 숲의 정령인 토토로를 만나서 겪는 환상적인 모험 이야기지. 토토로가 사는 녹나무 숲을 떠올려 보렴. 어찌나 섬세하고 아름답게 그렸던지 일본에서는 숲을 살리자는 운동까지 벌어졌어.

하야오의 상상력은 「모노노케 히메」, 「센과 치히로의 행방불명」에서도 유감없이 표현되었어.

"와!"

왜 미야자키 하야오의 작품을 보는 사람들이 탄성을 자아내는지 이제 알겠니? 바로 하야오가 펼치는 놀라운 상상력의 세계에 감탄하기 때문이야.

하야오는 이렇게 말해.

"미래의 시작은 즐거운 상상에 있다."

할아버지가 된 하야오는 무엇을 할까? 여전히 지브리 스튜디오에서 애니메이션을 만들기 위한 상상의 나래를 펴고 있단다.

미래의 시작은 '즐거운 상상'에 있다.

미야자키 하야오

- 1941년 일본 도쿄에서 4형제 중 둘째로 태어났다.

- 1958년 일본에서 처음으로 나온 컬러 장편 애니메이션 「흰 뱀 이야기」를 보고 애니메이션에 흥미를 갖기 시작했다.

- 1963년 대학 졸업 후 도에이 동화에 취직했다. 1966년 「태양의 왕자 호루스의 대모험」을 개봉하지만 실패했다.

- 1978년 미야자키가 처음으로 이름을 날린 작품, 「미래 소년 코난」을 연출했다.

- 1986년 「천공의 성 라퓨타」를 준비하여 지브리 스튜디오를 세웠다.

- 1988년 「이웃집 토토로」를 개봉했다.

- 1997년 「모노노케 히메」를 개봉했다.

- 2001년 「센과 치히로의 행방불명」을 개봉했다.

- 2010년 「마루 밑의 아리에티」를 개봉했다.

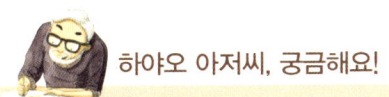 하야오 아저씨, 궁금해요!

🎤 하야오 아저씨! 저 하늘이에요. 제가 그린 만화가 있어요. 친한 친구에게만 보여줘요. 엄마나 아빠에겐 비밀이에요. 공부 안 하고 그림 그린다고 야단치시니까요. 저는 아저씨처럼 상상력이 뛰어난 만화가가 되는 게 꿈이에요. 그 꿈을 이루는 비결을 가르쳐 주세요, 네?

😊 하늘아! 네 이름처럼 하늘을 자주 올려다보렴.
그리고 끝없는 상상을 펼쳐 봐. 신기하고 즐거운 생각을 끄집어내는 거야.
뭔가 떠오르면 그림을 그리렴.
어느 자리이든 좋아. 종이와 연필을 꺼내 스케치를 해. 아이디어는 오래 머무르지 않아.
빨리 지나가는 것을 붙잡으려면 빨리 그리지 않으면 안 돼.
그다음, 많이 그려야 해. 낚싯대를 많이 던질수록 고기를 잡을 확률이 높아지잖아.
많이 그리면 그릴수록 자신이 원하는 이미지에 가까이 갈 수 있어.
상상력은 나무처럼 자란다고 말했지?
내가 만든 영화는 처음에는 작은 씨앗에서 시작했단다.
작은 씨앗이란 누구도 끄집어내지 못한 새롭고 놀라운 아이디어야.
그 싹을 틔우고 자라게 하면 하나의 작품이 탄생하는 거야.
그러려면 많이 생각하고, 많이 그려야 해. 책도 많이 읽어야 하지.
하늘아, 부탁이 있는데, 노력하다가 지쳐서 자신에게
실망하더라도 다시 시작하기야.
일본에 있는 지브리 작업실에 오면 아저씨가 있어.
한번 만나자!